KB193610

팀장의 조건

팀장의 조건

초판 1쇄 발행 2024년 10월 25일

지은이 조관일
펴낸이 정성욱
펴낸곳 이정서재

편집 정성욱
마케팅 정민혁
디자인 허브

출판신고 2022년 3월 29일 제 2022-000060호
주소 경기도 고양시 덕양구 무원로6번길 61 605호
전화 031)979-2530 | FAX 031)979-2531
이메일 jspoem2002@naver.com

여러분의 소중한 원고를 기다립니다.
jspoem2002@naver.com

팀장의 조건

조관일 지음

이정
서재

지금은 팀장 전성시대

나는 2012년과 2013년에 《임원의 조건》과 《신입사원의 조건》을 집필하여 연달아 펴냈다. 그때 나의 뇌리에 숙제처럼 남아 있던 것이 '팀장의 조건'이다. 머잖아 집필하기로 마음먹었으나 다른 책들을 쓰느라 자꾸만 뒤로 미뤄지다가 어느덧 10여년이 훌쩍 지났다. 이제야 실행에 옮기게 됐다.

팀장! 요즘 우리나라의 기업을 비롯하여 각종 조직에서 가장 중추적인 역할을 하는 사람들이다. 팀 제도가 우리나라에 처음 도입된 것은 1977년 삼성물산부터라고 본다. 하지만 당시 오일 쇼크 등으로 어려움은 있었지만 매년 8% 이상의 고속성장이 지속되던 때였기에 조직의 슬림화나 의사결정 구조의 비효율성이 부각되지 않아 팀제 도입의 사회적 공감대가 형성되진 않아 크게 확산되지는 않았다. 이후 1990년대 들어 당시의 대우, LG, 포철(현 포스코) 등 일부 대기업에서 도입하기 시작했으며(https://brunch.co.kr/@spoyang/4, by양병채, 2021. 2. 9), 본격적으로 팀제가 활성화된 것은 IMF 외환위기 이후 2000년대에 들어서다.

이전에는 주임, 대리, 과장, 차장, 부장, 상무 등으로 이어지는 체계였지만 직위를 통합하면서 뭉뚱그려져 새로 등장한 직책이 팀장이다. 그리고 너도 나도 팀제로 조직을 개편하는 바람이 불면서 팀장 전성시대가 열렸다.

재계는 현재 한국에서 기업별로 크고 작은 팀을 관리하는 팀장만 100만 명이 넘을 것으로 추산하고 있다. 2023년을 기준으로 한국고용정보원이 조사한 우리나라 직장인의 수는 19,831천 명이다. 그렇다면 평균 20명 단위로 팀장이 있다는 계산이 나온다. 만약 평균 10명 단위로 팀장이 있다면(실제로는 5명 이하의 팀도 수두룩하며 '나홀로 팀장' 역시 적지 않다) 대략 200만 명 가까이 되는 통계가 나온다. 엄청나다.

한국경영자총협회가 국내 대기업과 중소기업을 대상으로 팀제를 어느 정도 운영하고 있는지를 최초로 조사한 것은 15년 전이었다. 그때 팀제를 도입한 기업은 전체 기업의 70.2%였다. 그러나 지금은 거의 모든 기업이 팀제를 운영한다고 보아도 틀리지 않을 것이다. 전통적으로 직위 체계가 엄격한 행정기관 등의 공직사회까지 팀제를 도입한 지 오래됐으니 말할 것도 없겠다.

한마디로 지금은 팀장 전성시대라 할 수 있다. 팀장 전성시대는 출판계에까지 바람을 일으켰다. 팀장제가 도입된 초기라 할 수 있는 2006년 교보문고 기준 팀장 관련 책이 불과 6권에 불과했던 것이 이 글을 쓰는 2024년 4월 기준 355건이 검색될 정도로 관심의 표적이 되고 있는 것이다.

그런데 그거 아시는가? 팀장 관련 문헌이 그렇게 많다는 것은 한바탕 큰 바람이 불고 있다는 뜻도 되지만 아직까지 팀장에 관한 논리가 제대로 정립되지 않았다는 의미도 된다는 것을.

• '팀장의 조건'의 까다로움

그래서 이 책을 집필하기로 했는데 역시나 논리를 세우기 쉽지 않았다. 아주 간단할 것 같았는데 의외로 힘이 들었다. 그 이유는 '신입사원의 조건'과 '임원의 조건' 사이에 어정쩡한 위치를 점하는 부분이 많아서다. 리더십에 중점을 두면 자연스럽게 '임원의 조건'과 겹치게 되기 십상이었다.

이 책에서 다루고자 하는 팀장은 단순히 지시와 감독을 넘어선, 진정으로 팀원들과 함께 성장하고 발전하는 리더를 의미한다. 이런 팀장은 조직의 목표 달성뿐만 아니라 팀원 개개인의 잠재력을 깨우고, 그들이 조직 내에서 뿐 아니라 개인적인 삶에서도 성취감을 느낄 수 있도록 돕는다. 이는 비단 업무 성과의 측면에서만 중요한 것이 아니라, 조직 문화와 동기부여의 관점에서도 중대한 의미를 갖는다.

　오늘날은 변화의 속도가 정신이 없을 정도로 빠르다. 이렇듯 변화의 속도가 빨라지고 기술이 급격히 발전함에 따라, 조직들은 더욱 유연하고 동적인 구조를 필요로 하게 되었다. 이러한 변화 속에서 팀장의 역할은 단순한 관리자에서 비전을 제시하고, 팀원들을 올바른 방향으로 이끌어가는 리더로 진화하고 있다. 팀장은 이제 조직의 성패를 좌우하는 핵심 인물로 자리 잡고 있는 것이다.

　이 새로운 시대에 팀장들은 단순히 업무를 분배하고 관리하는 것을 넘어서, 팀원 개개인의 잠재력을 발굴하고 최대한 활용하는 데 중점을 두어야 한다. 팀장이 되기 위한 조건은 더 이상 경험이나 지식의 축적에만 초점을 두지 않는다. 강력한 리더십, 탁월한 커뮤니케이션 능력, 갈등 해결 기술, 그리고 변화를 관리할 수 있는 능력 등이 모두 포함되어야 한다.

　이 책에서는 이러한 조건들을 깊이 있게 탐구하며, 팀장이 되기 위해 필요한 다양한 능력과 자질, 그리고 이를 개발할 수 있는 방법들을 제시하고자 한다. 또한 현대 조직에서 팀장의 역할이 왜 중요한지, 그리고 팀장으로서 성공하기 위해 어떤 준비가 필요한지에 대해서도 살펴볼 것이다.

　시대가 요구하는 새로운 리더십 모델을 이해하고, 그에 맞춰 자신을 계발하는 것은 모든 예비 팀장과 현직 팀장에게 필수적인 과제이다. '팀장의 조건'은 그 여정을 시작하는데 있어 실질적인 안

내서가 될 것이다.

끝으로 이 책을 통해, 이미 팀장이 됐거나 팀장을 기대하고 있는 직장인들이 급변하는 비즈니스 환경에서 탁월한 팀장이 되기 위해 필요한 모든 것을 얻게 되기를 기대한다. 그리하여 팀장 전성시대에 걸맞은 '진짜 팀장'이 되기를 응원한다.

2024. 가을
조관일

차례

팀장 되기를 포기한다고?
– '승포자' 시대

　　팀장이 직장생활의 목표일 수는 없을 것이다. 직장인이라면 더 높은 곳을 향한 의지와 열정이 있어야 한다. 만약 그런 것이 없는 사람이라면 자신의 몫을 제대로 할 수가 없는 것은 자명하다. 열정도 꿈도 없는 사람이 어떻게 일할 것인지는 안 봐도 비디오다. 이치가 그럼에도 요즘 우리네 직장풍토에서는 '승포자'라는 새로운 풍경이 자리 잡고 있다. 스스로 '승진을 포기하는 사람들'이 있다는 말이다.

　　직장생활의 재미는 승진과 연봉인상에 있는 것이 일반적이라 할 수 있는데 왜 스스로 승포자가 되려는 것일까. 여기에는 의외로 다양한 개인적, 사회적, 경제적, 문화적 요인들이 복합적으로 작용하고 있다. 그 이유를 좀 더 면밀히 살펴보자.

첫째, 일과 생활의 균형Work-Life Balance 때문이다.

현대 사회에서 일과 개인 생활의 균형은 많은 직장인들에게 최우선 과제가 되었다. 관리직, 특히 팀장으로 승진하면, 업무 시간이 길어지고 업무외 시간에도 계속해서 업무적 책임을 져야 할 수 있다. 예를 들어, 팀장은 팀원들의 문제 해결을 위해 저녁이나 주말에도 연락을 받아야 할 수 있으며, 이런 상황들이 개인 시간과 가족과 보내는 시간을 침해할 수 있다. 이에 따라, 일과 생활의 균형을 중시하는 직장인들은 승진을 통해 더 많은 책임과 시간 투자를 요구받는 것을 기피하게 된다.

둘째, 증가하는 책임과 스트레스 때문이다.

팀장이 되면 다양한 관리적, 행정적 책임이 부여된다. 예산 관리, 인력 배치, 성과 평가 등 다양한 업무가 추가되며, 이는 단순히 시간적 부담만 증가시키는 것이 아니라 심리적 스트레스도 크게 증가시킨다. 또한 팀의 성과가 좋지 않을 경우, 그 책임이 팀장에게 집중되기 때문에 심리적 압박이 매우 크다. 이러한 스트레스는 업무의 질을 저하시키고, 결국 건강 문제로도 이어질 수 있어, 많은 직장인들이 승진을 기피하게 되는 주된 이유 중 하나가 되는 것이다.

셋째, 직무 만족도와 개인적 적성 때문이다.

모든 사람이 리더의 역할을 원하거나 그에 적합한 것은 아니다.

특히 기술적이나 창의적인 업무에서 높은 전문성을 가진 직원들은 자신의 전문 분야에서 깊이 있는 작업을 선호할 수 있다. 승진을 통해 관리직으로 이동하면 이러한 전문적 업무에서 멀어질 수 있으며, 이는 직업 만족도에 부정적인 영향을 미칠 수 있다. 따라서 자신의 적성과 흥미에 맞지 않는다고 느끼는 이들은 승진을 기피하고 현재의 전문 업무에 머무르기를 선택한다.

넷째, 조직 내 승진 체계에 대한 불신 때문이다.

승진과정이 불투명하거나 편파적일 경우, 직원들은 공정하게 평가받지 못할 것이라고 느낄 수 있다. 특히 인사 결정이 성과보다는 정치적인 요소나 상사와의 관계에 의해 좌우된다고 인식될 때, 이는 큰 불만과 불신을 유발할 수 있다. 이러한 불신이 깊어지면, 직원들은 승진에 큰 가치를 두지 않게 되고, 오히려 현재 위치에서 최선을 다하는 것이 낫다고 판단할 수 있다.

다섯째, 경제적 보상의 한계 때문이다.

승진 후 급여 인상이 기대에 못 미치거나, 추가적인 책임과 스트레스를 고려할 때 충분한 보상이 이루어지지 않는다고 판단될 경우, 직원들은 승진의 경제적 매력을 느끼지 못할 수 있다. 만약 승진으로 인해 받게 되는 급여 인상이 업무의 양과 질, 그리고 책임의 증가를 정당화하지 못한다고 판단된다면, 직원들은 보다 안정적이고 편안한 현 직급을 유지하는 것을 선호할 것이다.

이렇게 다양한 요인들이 복합적으로 작용하여 직장인들 사이에서 승포자 현상이 증가하고 있다. 조직은 이러한 요인들을 바르게 파악하고 이해하여야 한다. 그리고 적절히 대응하는 전략을 마련함으로써 직원들이 승진을 기피하는 상황을 줄이는 것이 옳다. 승진을 포기하는 현상이 있다는 것은 조직으로서 결코 바람직한 일이 아니기 때문이다.

*

"리더는 일을 제대로 하는 사람이지만, 팀 리더는 올바른 일을 하는 사람이다."

– 워렌 베니스Warren Bennis

어쩌다 팀장이 됐다고?
– 팀장의 초심과 각오

팀장전성시대라고 해서 말 그대로 황금기를 누리다는 의미는 아니다. 그 이름이 크게 눈에 띤다는 것이지 실상은 매우 어려운 시대를 살고 있다 할 수 있다. 심지어 누군가의 베스트셀러 제목을 본떠 "아프니까 팀장이다"라는 말도 있고 TV프로그램의 이름을 따서 "어쩌다 팀장"이라는 말도 있다

그래 맞다. 어쩌다 팀장이 됐다. 회사에서 열심히 일해서 능력을 인정받아 팀장이 된 사람도 있지만 이력저력 연수가 차다보니 팀장이 된 사람도 있다. 심지어 '팀장 포비아'라는 말도 있다. 이는 '리더 포비아Leader phobia' 즉, 리더가 되기를 기피하는 현상을 의미하는 말에서 파생된 것이다. 팀장을 해봤자 별 볼일 없다는 의미에서, 아니 책임만 있고 권력은 미약하다는 말에서 파생된 것이다.

회사에서 열심히 일하면 팀장이 될까봐 연차가 찰수록 불안하다는 팀원들도 등장했다. 2021년 DDIDevelopment Dimensions International의 리포트에 따르면, 글로벌 기업의 CHRO(최고인사책임자)들이 선정한 10년 내 변화가 클 것으로 예상되는 영역으로 '리더가 되고 싶어 하는 사람들의 의지Leadership Aspiration of Employees'가 선정되기도 했다. 팀장이 되는 것이 많은 사람들이 열망하는 성공의 지표와 멀어지고 있다는 것이 데이터로도 증명된 것이다. 몇 년 전까지만 해도 조직에서의 성공지표처럼 느껴지던 '팀장'의 지위는 어쩌다가 되고 싶지 않은 포지션이 된 것일까?(HR Insight, 2023년 4월호, 이중학 가천대학교 경영학부 교수)

승진을 바라지 않았는데 팀장이 된 사람이든, 열망해서 팀장이 된 사람이든 어차피 팀장이 됐다면 그에 걸맞은 초심을 갖는 게 맞다. 나름의 근무방침이 서야 한다. 팀장으로서의 역할을 수행하는 데 있어서의 초심과 마음가짐은 매우 중요한데, 이는 팀장 본인의 성장뿐만 아니라 팀 전체의 동기부여와 효율성을 증진시키는데 결정적인 역할을 하기 때문이다.

무엇보다도 개방성과 유연성이 필요하다. 마음을 열어야 한다는 것이요 너그러이 받아들일 수 있어야 한다는 말이다. 승포자 현상과 같은 새로운 직장 문화의 흐름을 이해하고 받아들이는 것이 중요하다. 이는 다양한 배경과 가치를 가진 팀원들의 요구와 기대를 수용할 준비가 되어 있음을 의미한다. 유연성은 팀의 다양한 의견과 아이디어를 수렴하고, 변화하는 상황에 효과적으로 대응할 수 있게 해준다.

뿐만 아니라 철저한 자기 인식과 성찰이 있어야 할 것이다. 팀장이 된 사람으로서 자신의 강점과 약점을 정확히 파악하고, 지속적으로 자기 성찰을 해야 한다. 자신의 리더십 스타일이 팀에 어떤 영향을 미치는지 이해하고, 필요한 경우 조정할 수 있어야 한다. 이는 더 효과적인 리더가 되기 위한 지속적인 자기계발과 학습을 포함한다.

또한 조직의 목표 달성을 위해 목표 지향적으로 사고해야 한다. 이는 개인적인 성공뿐만 아니라 팀의 성공을 우선시하는 마음가짐을 의미한다. 목표를 설정하고, 이를 달성하기 위한 구체적인 계획과 전략을 수립하는 것은 팀을 올바른 방향으로 이끄는데 중요하다.

아울러 강인함과 인내심을 가져야 한다. 리더로서의 도전은 때로 스트레스나 실패를 수반할 수 있다. 따라서 강인함과 인내심을 가지고 어려움을 극복하는 자세는 팀장으로서 성공적으로 활동하는데 필수적이다. 도전을 기회로 바라보고, 문제 해결 과정에서 교훈을 얻으며 성장하는 태도가 필요하다는 말이다.

• 팀장의 자세

1. 탐험가의 용감함

새로운 팀장으로서 당신은 미지의 세계에 발을 디디고 있는 것이다. 이때 중요한 것은 용기와 호기심이다. 아무리 계획이 철저하더라도 예상치 못한 상황이 발생할 수 있으므로 불확실성을 두려워하지 않고 이를 즐길 줄 알아야 한다. 실험적인 접근을 통해 새로운 전략이나 프로젝트를 시도해 보고 그 결과로부터 배울 점을 찾아 팀과 개인의 성장을 도모해야 한다. 예를 들어, 기존에 시도하지 않았던 팀 빌딩 활동이나 창의적인 문제 해결 방식을 도입해 보는 것도 좋은 방법이 될 것이다.

2. 고고학자의 세심함

각 팀원은 독특한 배경과 역량을 지니고 있다. 팀장으로서 이들의 강점과 약점을 정확히 파악하고 이를 바탕으로 각자에게 가장 적합한 역할을 맡겨야 한다. 이 과정은 고고학자가 고대 유물을 조심스럽게 발굴하듯이, 각 팀원의 잠재력을 세심하게 찾아내고 이를 존중하며 키워나가는 작업이다. 정기적인 일대일 면담, 역량 개발을 위한 교육 기회 제공, 그리고 개인의 성장을 지원하는 멘토링은 이러한 과정에서 중요한 역할을 하게 된다.

3. 지휘자의 조화로움

팀장은 다양한 개성과 능력을 가진 팀원들을 하나로 묶어 조화로운 성과를 이끌어내는 지휘자와 같다. 각자의 음색이 조화롭게 어우러져 아름다운 음악을 만들어내듯 팀원들이 서로의 차이를 이해하고 존중하며 협력할 수 있는 환경을 조성해야 한다. 이를 위해 팀 내 소통을 강화하고, 팀 미팅에서는 모든 목소리가 동등하게 들릴 수 있도록 공평한 기회를 제공해야 한다. 또한 갈등이 생겼을 때 중재자 역할을 하여 공정하고 효과적인 해결책을 모색해야 한다.

4. 정원사의 인내심

좋은 결과를 얻기 위해서는 시간이 필요하다. 팀을 성장시키는 것은 정원을 가꾸는 것과 비슷하며, 각 식물이 자라기 위해 필요한 시간과 관리가 다르듯 팀원 각각도 개별적인 관심과 지원이 필요하다. 장기적인 목표를 설정하고, 단계별로 성과를 이뤄 나가는 동안 인내심을 가지고 진행 상황을 지속적으로 평가하고 조정해야 한다. 이 과정에서 팀원들이 겪는 어려움을 이해하고, 필요한 자원을 제공하여 그들이 성공할 수 있도록 도와야 한다.

5. 항해사의 전략적 사고

목표 달성을 위해 전략적 사고가 필요하다. 팀의 목표를 명확히 설정하고 이를 달성하기 위한 구체적인 계획을 세우자. 상황이 변하면 계획을 유연하게 조정할 수 있어야 하며, 항상 큰 그림을 보면서 팀이 올바른 방향으로 나아가고 있는지 점검해야 한다. 전략적 사고는 또한 외부 환경의 변화를 예측하고 이에 대응하는 능력을 포함한다. 팀이 직면할 수 있는 잠재적 위험을 미리 식별하고 대비책을 마련하는 것도 중요한 부분이다.

이러한 다섯 가지 자세는 팀장으로서 당신이 탁월한 리더십을
발휘하고, 팀을 성공으로 이끌기 위한 기초를 마련해 줄 것이다.
팀과 함께 성장하면서 이 모든 자세를 발전시켜 나가는 것이 당신
의 중요한 임무가 될 것이다.

팀장이 됐다는 것의 의미
– 개인적 성취와 경력개발

어쨌거나 이제 당신은 팀장이 됐다. 일단 승진한 것을 축하드린다. 하기 싫었는데 억지로 책임을 맡게 됐다고? 그런 소리 하지 마시라. 어차피 직장생활을 할 바에는 올라갈 수 있는데까지 올라가는 게 현실적으로 맞다.

팀장이 됐다는 것은 직장생활에서 여러 가지 의미를 지니는 것이다. 이 새로운 역할은 당신의 경력뿐만 아니라 개인적인 성장에도 매우 중요한 영향을 미치게 될 것이다. 이제부터 간부의 대열에 끼는 것이다. 팀장이 되는 것은 단순히 직함이 바뀌는 것 이상의 의미를 가진다. 이제부터 당신은 팀의 성공과 문화, 그리고 일상적인 업무 흐름을 결정하는 중요한 위치에 서게 되었다.

팀장이 됐다는 것의 첫 번째 의미는 개인적 성취와 경력개발에 있다. 팀장으로서의 승진은 오랫동안의 업무 성과, 헌신, 그리고 종종 눈에 보이지 않는 노력의 결과이다. 이는 당신의 능력과 잠재력을 조직이 인정했다는 명확한 신호이며, 앞으로의 경력에서 더 큰 도전과 기회로 나아갈 수 있는 발판을 마련해 준다. 이 새로운 역할은 또한 당신이 지금까지 쌓아온 기술과 경력을 활용하고, 새로운 기술과 경력을 개발할 수 있는 기회를 제공하는 것이다.

팀장이 됐다는 것의 또 하나의 의미는 리더십 역량을 강화한다는 것이다. 팀장으로서 당신은 팀을 지휘하고, 각 팀원이 자신의 역량을 최대로 발휘할 수 있도록 지원하는 역할을 맡게 된다. 이는 당신이 더 나은 리더로 성장할 수 있는 기회를 제공하는 것이다. 팀원들의 개인적인 성장을 도와주는 것은 매우 보람 있는 일이며, 이를 통해 팀의 전반적인 성과를 끌어올릴 수가 있다. 또한 갈등 해결, 동기부여, 그리고 팀 내 협력을 촉진하는 방법에 대해서도 배우게 되는 것이다.

팀장이 됐다는 것은 이제 중요한 의사결정자가 됐다는 것이다. 그동안은 결정된 조직의 의사에 따르는 팔로워의 입장이었다면 이제는 조직의 중요한 결정을 내리는데에 참여하거나 직접 결정을 내리는 위치에 있다는 것을 의미한다. 당신의 결정은 프로젝트의 방향, 자원 배분, 그리고 우선순위 설정에 영향을 미치며, 팀의 성공을 넘어 조직의 성공 여하를 좌우할 수 있게 된다. 때로는 어려운 결정을 내려야 하는 상황도 발생할 수 있으며, 이러한 경험은 당신을 더욱 좋은 리더로 만들어 줄 것이다.

다음으로, 팀장이 됐다는 것은 커뮤니케이션의 중심이 됐다는 것이다. 팀장은 팀 내외부와의 커뮤니케이션에서 중심적인 역할을 맡게 된다. 이는 상위 관리층과의 소통은 물론 다른 부서나 외부 이해관계자와의 교류에 있어서도 중요한 역할을 수행한다. 효과적인 커뮤니케이션은 팀원들 사이의 이해와 신뢰를 구축하며, 팀의 목표 달성을 위해 필수적이다.

팀장이 됐다는 것의 또 하나의 의미는 조직 내의 영향력이 확대된다는 것이다. 팀장으로서 이제 당신은 조직 내에서 더 큰 영향력을 행사하게 된다. 이는 팀원들에게 긍정적인 영향을 미칠 뿐만 아니라, 조직의 다른 부서나 팀과 협력할 때 당신의 의견이 중요하게 작용하게 된다는 것을 뜻하기도 한다. 팀장으로서 성공적인 리더십을 발휘한다면, 이는 조직 전체의 문화와 성과에 긍정적인 영향을 미칠 수 있다.

마지막으로 당신이 팀장이 됐다는 것은 개인적인 성장의 기회를 맞이했다는 것이다. 당신은 리더십 스킬, 문제 해결 능력, 그리고 위기관리 능력 등 다양한 영역에서 성장을 경험하게 된다. 이러한 경험은 당신이 앞으로 더 큰 역할을 하기 위한 준비의 과정이 될 수 있다.

팀장으로서의 여정은 당신에게 많은 도전과 보상을 제공할 것이다. 이 새로운 역할을 통해 여러분이 더욱 성숙한 리더로 성장

하길 바라며, 앞으로 맞이하게 될 모든 기회를 최대한 활용하길
바란다. 다시 한 번 축하드린다.

*

"팀이란 나보다 더 잘할 수 있는 사람들을 모아 나의 리더십으로 더
나은 일을 이루는 것이다."
— 스티븐 코비

팀장의 애환
– 팀장으로 산다는 것

팀장이 됐다는 것은 새로운 환경에 자신을 적응시켜야 한다는 것이요 그 직위에는 나름의 장점과 단점, 즉 애환이 있을 것이다. 팀장이 되었다는 건, 마치 신대륙을 발견한 탐험가가 된 것과 같다. 새로운 땅, 새로운 기회, 그리고 물론, 새로운 도전이 함께 따른다.

팀장의 자리는 빛과 그림자가 공존하는 곳이다. 당신은 팀을 이끌고, 사람들에게 영감을 주고, 변화를 만들어 갈 수 있는 기회를 갖지만, 동시에 많은 도전과 책임을 짊어지게 된다. 이 모든 것은 자신이 감내해야 할 가격이자, 누릴 수 있는 보상이다.

마치 잘 연출된 드라마의 주인공처럼 팀장으로서의 여정은 기쁨과 슬픔, 성공과 실패를 겪으며 자신만의 이야기를 만들어 가게 된다. 그렇기에 팀장이라는 역할은 결코 단순하지 않으며, 그 속에서 큰 성장을 경험할 수 있는 무대가 되어 준다.

• 팀장의 보람과 어려움

팀장이라는 자리가 갖는 장점이랄까 보람의 으뜸은 일단 영향력이 증가한다는 것이다. 그 자체가 하나의 권력이니까(비록 작을지언정). 팀장으로서 당신은 팀의 방향을 결정할 수 있는 큰 권한을 가지게 된다. 이는 단순한 의사결정을 넘어서 팀의 비전, 문화, 우선순위를 형성하는 능력을 포함한다.

당신이 내리는 결정은 팀의 프로젝트 방향, 작업 환경, 심지어 팀원들의 일상에까지 영향을 미칠 수 있다. 예를 들어, 당신이 기술혁신을 중요하게 생각한다면, 팀은 최신 기술을 배우고 이를 일상 업무에 통합하는데 더 많은 자원을 할애할 것이다. 이러한 권한은 대단한 것이지만, 그만큼 팀과 조직에 긍정적인 변화를 가져올 수 있는 잠재력도 크다.

또한 팀장이 된다는 것은 자연스럽게 리더십 기술의 성장을 도모하게 된다. 리더십은 경험을 통해 발전한다. 팀장 역할은 당신에게 꾸준히 리더십 능력을 연마할 기회를 제공한다. 문제 해결, 갈등 관리, 효과적인 커뮤니케이션, 동기부여 등 다양한 기술이 요구된다. 이러한 기술들은 일상생활은 물론 다른 직무나 산업에서도 유용하게 적용될 수 있다. 예를 들어, 팀원들 사이의 갈등을 해결하는 방법을 배우면, 이러한 기술은 가족이나 친구 사이의 갈등을 해결하는데도 도움이 될 수 있다. 리더로서 성장하는 과정은 자신감을 키우고, 더 큰 책임을 맡을 준비를 하게 하는 것이다.

아울러 팀 성과에 대한 보람도 빠뜨릴 수 없는 것이다. 팀의 성공은 팀장으로서의 성공과 직결된다. 프로젝트가 성공적으로 완료되거나 목표를 초과 달성했을 때의 성취감은 이루 말할 수 없다. 이는 팀원들과 함께 노력한 결과이기 때문에 더욱 특별하다. 예를 들어, 큰 프로젝트를 성공적으로 마무리 지었을 때, 그 과정에서 겪은 어려움과 도전을 극복한 기쁨은 단순한 개인의 성공을 넘어서는 것이다. 이런 경험들은 팀장으로서 당신이 직면하는 어려움을 감내할 가치가 있음을 일깨워 준다.

이렇듯 장점과 보람이 있는 반면에 어려움도 당연히 존재한다. 무엇보다도 책임의 무게가 커진다는 것이다. 팀장의 자리는 때때로 외롭고 부담감이 크다. 모든 성공에는 당신의 기여가 있지만 실패 역시 당신의 책임으로 돌아온다. 이 책임감은 특히 어려운 결정을 내려야 할 때 무겁게 느껴질 수 있다. 예를 들어, 예산 삭감으로 인해 팀원을 해고해야 할 상황이라면, 그 결정이 개인적으로도, 전문적으로도 큰 스트레스가 될 수 있다. 이런 책임을 지는 것은 잠을 설치게 하고, 심지어는 건강을 해칠 수도 있다.

팀장이 된다는 것은 팀원이 있다는 것이요 그 팀 내의 갈등 관리해야 함을 뜻한다. 팀원들 사이의 갈등은 팀장에게 큰 도전이 될 수 있다. 물론 갈등을 잘 관리하는 것은 팀의 분위기와 생산성에 결정적인 영향을 미친다. 각 팀원의 개성과 요구 사항을 이해하고, 이들 간의 갈등을 조정하는 일은 정치적 기술이 필요하며, 때로는 팀원들과의 관계를 해칠 수도 있다. 이런 상황은 마치 미로를 헤매는 것과 같아서 올바른 해결책을 찾기까지는 많은 시행착오가 따르게 마련이다.

팀장이 됨으로써 감수해야 할 어려움의 또 하나는 개인시간의 감소다. 팀장으로서의 역할은 많은 시간과 에너지를 요구할 것이다. 종종 업무가 개인시간을 침범하게 되며, 이로 인해 취미 활동이나 가족과 보내는 시간이 줄어들 수 있다. 이는 특히 회사생활과 개인생활의 균형을 중요하게 생각하는 사람들에게는 큰 스트레스 요인이 될 수 있다. 마치 철인 3종 경기에 참가한 것처럼, 업무에 관한 요구사항을 관리하면서 동시에 개인적인 생활을 여유롭게 유지하는 것은 많은 노력과 조직적인 계획이 필요하게 된다.

물론 팀장이라는 역할은 명예로운 것이다. 그러나 팀을 성공적으로 이끌어야 하는 책임이 있음과 동시에, 그 과정에서 많은 도전과 스트레스를 경험하게 된다. 이 모든 것은 팀장으로서 당신이 감내해야 할 부분이며, 동시에 개인적인 성장과 성취를 위한 기회이기도 하다.

낀 간부로서의 팀장
- 그 역할 고민

팀장은 팀원의 상사로서 그리고 임원의 부하로서, 즉 중간간부로서의 역할을 하게 되는데 그 중간 관리자의 역할은 매우 독특하며 복잡하다. 상사와 부하 직원 사이에서 균형을 맞춰야 하는 이 위치에서는 상부의 기대와 하부의 요구 사이에서 조율해야 하는 중재자 역할을 하게 된다. 이러한 위치에서 팀장이 효과적으로 처신하기 위해서는 다양한 스킬과 접근 방식이 필요하며, 이는 조직 내에서의 성공뿐만 아니라 개인적인 직업 만족도에도 큰 영향을 미친다.

팀장은 우선 자신의 역할을 명확히 이해해야 한다. 팀장은 팀의 성과를 책임지는 동시에 조직의 목표와 전략을 팀원들에게 전달하는 중요한 다리 역할을 한다. 이를 위해서 팀장은 상부의 지시와 전략을 정확히 이해하고, 이를 팀원들이 이해할 수 있는 방식으로 해석하여 전달해야 한다. 또한 이 과정에서 팀장은 상부의 결정이 팀에 미치는 영향을 예측하고, 필요한 조정을 제안하는 등 적극적인 역할을 수행해야 한다.

또한 팀원들의 의견과 피드백을 상부에 전달하는 것도 팀장의 중요한 역할 중 하나이다. 팀원들이 겪고 있는 어려움이나 제안 사항을 수집하고, 이를 적절하게 상부에 전달함으로써 조직의 의사 결정 과정에 반영되도록 해야 한다. 이를 통해 팀원들은 자신들의 의견이 조직에 영향을 미칠 수 있음을 느끼고, 더 큰 만족감과 참여 의식을 경험할 수 있다.

그러나 중간 관리자로서의 역할은 때로 상충하는 이해관계를 조정해야 한다는 점에서 매우 도전적 일 수 있다. 예를 들어, 상부에서는 비용 절감과 효율성 증대를 요구할 수 있는 반면, 팀원들은 자원의 부족을 호소하며 더 많은 지원을 요청할 수 있다. 이런 상황에서 팀장은 협상과 설득의 기술을 사용하여 양측의 요구를 조화롭게 만족시키는 해결책을 모색해야 하는 것이다. 이 과정에서 팀장은 공정하고 객관적인 자세를 유지하면서, 모든 결정이 최대한 투명하게 이루어지도록 노력해야 한다.

또한 팀장은 변화 관리에도 능숙해야 한다. 조직의 목표나 전략이 변경될 때, 팀장은 이러한 변화를 팀원들에게 효과적으로 전달하고, 변화에 따른 불안감을 최소화하면서 팀원들이 새로운 상황에 잘 적응할 수 있도록 지원해야 한다. 변화를 관리하는 과정에서 팀장의 역할은 팀원들의 반응을 관찰하고, 필요에 따라 추가 지원을 제공하거나 교육을 실시하는 것을 포함할 수 있다.

이와 동시에 팀장은 자신의 리더십 스킬을 지속적으로 개발하고, 팀원들의 개발을 위해서도 힘써야 한다. 팀원들이 자신의 역량을 개발하고 경력 목표를 달성할 수 있도록 멘토링과 지원을 제공하는 것은 팀원들이 조직에 더욱 몰입하고 장기적으로 기여할 수 있게 만드는 요소이다. 팀장이 팀원 개개인의 장점을 인식하고 이를 적극적으로 활용하며, 개인의 성장을 조직의 성공과 연결 짓는 것이 중요하다.

마지막으로, 팀장으로서의 심리적, 정서적 지원도 간과해서는 안 된다. 팀원들이 직면하는 스트레스나 개인적인 도전을 이해하고, 적절한 지원을 제공하는 것은 팀원들이 업무에 집중하고, 일에 대한 만족도를 높이는데 기여한다. 팀장은 팀원들과의 신뢰를 기반으로 하는 강한 관계를 유지함으로써, 팀의 일체감을 강화하고 모두가 행복하게 일할 수 있는 환경을 조성해야 한다.

이 모든 것들이 결합될 때, 팀장은 팀원과 상부 모두와의 관계에서 성공적으로 역할을 수행할 수 있다. 중간 관리자로서의 역할은 쉽지 않지만, 이를 잘 수행할 경우 조직 내에서 매우 가치 있는 위치를 차지하게 되며, 조직의 성공과 직원 만족도 모두에 긍정적인 영향을 미칠 수 있다.

중간간부로서의 우아한 줄타기

팀장으로서의 삶은 마치 서커스 곡예사처럼 균형 잡기의 예술이다. 팀원들의 리더로서, 그리고 상위 경영진의 하달사항을 집행하는 부하 직원으로서의 역할을 동시에 수행해야 하니까 말이다. 이 두 가지 역할 사이에서 우아하게 줄타기를 하려면 다음과 같은 몇 가지 방법과 요령을 따라야 한다.

1. 두 모자의 균형

상사와 부하 사이에서 팀장은 두 개의 모자를 쓰고 있는 것과 같다. 하나는 권위적인 '팀장 모자'이고, 다른 하나는 순종적인 '부하 직원 모자'이다. 이 두 모자 사이에서 균형을 잡는 것은 마치 타잔이 정글 속에서 덩굴을 잡고 날아다니듯, 순간의 판단과 민첩성이 필요하다 하겠다.

2. 갈등의 마술사

팀장은 때때로 팀 내외부의 갈등을 해결하는 마술사가 되어야 한다. 갈등이 발생했을 때, 이를 해결하기 위해 마술사의 모자를 쓰고, 투명 망토를 두르고 문제의 핵심으로 들어갈 줄 알아야 한다.

3. 시간의 마법사

팀장은 시간 관리의 전문가가 되어야 한다. 팀원과의 일대일 미팅, 팀 미팅, 그리고 상위 경영진 미팅 사이에서 저글링을 해야 하니까.

4. 감정의 줄타기 예술가

팀장은 때때로 심리학자의 역할도 해야 한다. 팀원들의 감정과 동기를 이해하고, 그들이 최상의 성과를 낼 수 있도록 지원하는 것이 필요하다.

5. 칭찬과 격려의 마스터

작은 성공이라도 크게 칭찬하고 격려하여 팀원들이 자신의 기여가 중요하다고 느끼게 해줘라. 마치 마법의 주문을 외워 그들의 자신감을 불어넣는 것처럼.

팀장으로서의 삶은 도전적이지만, 이 모든 역할을 잘 수행할 때 가져오는 보람과 성취감은 매우 크다. 마치 다재다능한 서커스 곡예사인 것처럼 당신의 기술을 발휘하여 팀과 조직의 성공을 이끌어보라.

*

"팀 리더의 가장 큰 도전은 모든 사람들이 같은 목표를 향해 움직이도록 하는 것이다."

— 스티브 발머Steve Ballmer

바람직한 팀장의 역할
– 단순한 관리자가 아니다

팀장은 조직의 리더로서 다양한 역할을 수행하는 사람이다. 가장 중요한 역할 중 하나는 명확한 비전과 목표를 설정하는 것이다. 팀장이 팀의 목표를 명확하게 설정하고 이를 전달하지 않으면, 팀원들은 방향을 잃거나 혼란에 빠질 수 있다. 이를 방지하기 위해 팀장은 전략적인 사고를 바탕으로 팀의 장기적인 비전을 수립하고, 이를 달성하기 위한 단계적인 목표를 설정해야 한다. 이러한 목표를 팀원들과 공유하고 그들의 참여를 유도하는 것은 팀장이 성공적인 리더로서 갖춰야 할 필수적인 역량이다.

팀장은 또한 팀 내 문화를 형성하고 유지하는 역할을 맡고 있다. 팀 문화는 조직의 분위기와 효율성에 큰 영향을 미치며, 긍정적인 문화는 팀원들의 사기를 높이고 업무 만족도를 향상시킨다.

팀장은 팀원들이 서로 존중하고 신뢰할 수 있는 환경을 조성하기 위해 노력해야 한다. 이를 위해 팀장은 팀원들과의 정기적인 대화를 통해 그들의 의견을 듣고, 문제가 발생하면 신속하게 해결하는 것이 중요하다. 또한 팀장이 스스로 모범을 보이며 긍정적인 태도와 행동을 실천하면 팀원들은 이를 따르게 될 것이다. "리더는 행동으로 말한다"는 말처럼, 팀장의 행동은 팀의 문화에 직접적인 영향을 미친다.

팀장의 또 다른 중요한 역할은 팀원들의 협업을 촉진하는 것이다. 팀은 다양한 배경과 전문 지식을 가진 구성원들로 이루어져 있으며, 이들이 협력하여 목표를 달성할 수 있도록 돕는 것이 팀장의 역할이다. 이를 위해서는 팀원들 간 원활한 의사소통을 촉진하고, 서로의 의견을 존중하며, 갈등이 발생했을 때 이를 효과적으로 해결하는 능력이 필요하다.

팀장은 팀원들이 서로의 강점을 활용하고 부족한 부분을 보완할 수 있도록 협력하는 환경을 조성해야 한다. 이는 팀의 효율성과 창의성을 높이는데 중요한 역할을 한다. "팀워크는 꿈을 실현시키는 힘"이라는 말과 같이 협업은 팀의 성공을 위해 필수적이다.

팀장은 팀원들의 성장을 지원하는 역할도 수행한다. 팀원들이 새로운 기술과 지식을 습득하고, 자신의 역량을 발전시키도록 격려하는 것은 팀장의 중요한 임무이다. 이를 위해 팀장은 팀원들에게 정기적으로 피드백을 제공하고, 그들의 발전을 위한 교육과 훈련 기회를 제공해야 한다.

또한 팀원들이 도전적인 과제를 맡아 성장할 수 있도록 지원하는 것도 팀장의 역할이다. 이를 통해 팀원들은 자신의 잠재력을 발휘하고, 조직의 목표를 달성하는데 기여할 수 있게 된다. "성장은 노력의 결과로 얻어진다"는 말처럼 팀장은 팀원들의 성장을 위해 끊임없이 노력해야 한다.

마지막으로, 팀장은 팀의 성과를 인정하고 축하하는 역할을 해야 된다. 팀원들이 노력을 기울여 성과를 내면 이를 인정하고 함께 축하하는 것은 팀의 사기를 높이고 동기부여를 강화하게 된다. 따라서 팀장은 팀원들의 노력을 주기적으로 평가하고 그들의 성과를 인정하는 문화를 조성해야 된다. 또한 팀의 성공을 함께 축하하며 그 기쁨을 나누는 것은 팀의 결속력을 강화하는데 도움이 된다. "노력의 열매는 함께 나누는 것이 진정한 보상이다"라는 말대로 노력의 열매 즉, 성과를 공유하고 축하하는 것은 팀의 사기를 높이는데 효과적이다.

이처럼 바람직한 팀장은 다양한 역할을 수행하며 팀의 성공을 이끌어내는 리더십을 발휘한다. 팀장은 명확한 비전과 목표를 설정하고, 긍정적인 문화를 형성하며, 협업을 촉진하고, 성장을 지원하며, 성과를 인정하는 등 다양한 역할을 통해 팀의 목표를 달성할 수 있도록 도와야 한다. "위대한 리더는 단순히 이끄는 사람이 아니라 함께 성장하는 사람이다"라는 말이 있듯이, 팀장의 역할은 단순한 지시가 아니라 팀원들과 함께 성장하며 목표를 달성하는데 있다.

결국, 성공적인 팀장은 다양한 역할을 수행하며 조직의 성공을 위해 노력하는 사람이다. 팀장은 명확한 목표를 설정하고 이를 공유하며 팀 내의 문화를 형성하고, 협업을 촉진하며, 성장을 지원하고, 성과를 인정하는 등 다양한 역할을 통해 조직의 목표를 달성할 수 있도록 도와야 한다. 이렇게 함으로써 팀장은 팀원들과 함께 성장하고 조직의 목표를 달성하는데 중요한 역할을 수행하게 된다.

다음의 역할에서 당신에게 부족한 부분은 무엇이라고 생각되는가? 냉정한 자기점검을 통해 답을 해보자.

팀장의 역할

1. 비전 제시자
팀장이 비전을 제시하는 것은 조직 내에서 팀이 나아갈 길을 밝히는 등대와 같은 역할을 하는 것이다. 이는 단순히 목표를 설정하는 것을 넘어 그 목표가 팀원 각자에게 어떤 의미를 가지는지, 그리고 조직의 큰 그림에서 어떤 역할을 하는지를 명확히 해주어야 한다.

2. 커뮤니케이터
효과적인 커뮤니케이션은 팀장에게 있어 필수적인 기술이다. 팀장은 모든 팀원이 같은 정보를 공유하고 이해할 수 있도록 확실하게 소통해야 한다. 이는 정기적인 회의, 개별적인 면담, 이메일, 메신저 등 다양한 수단을 활용하여 정보의 흐름을 관리하는 것을 포함한다.

3. 결정자
팀장은 종종 중요한 결정을 내려야 하는 위치에 있다. 이 결정들은 프로젝트의 방향, 자원 할당, 우선순위 조정 등을 포함할 수 있다. 효과적인 결정을 내리기 위해서는 논리적이고 분석적인 사고가 요구되며, 때로는 제한된 정보와 시간 내에서 최선의 선택을 해야 하는 상황도 발생한다.

4. 갈등 조정자
팀 내에서 발생하는 갈등을 효과적으로 관리하는 것은 팀장의 중요한 역할 중 하나이다. 갈등은 팀의 역동성을 해칠 수 있으며, 해결되지 않은 갈등은 팀의 성과에 부정적인 영향을 미칠 수 있다. 팀장은 중립적인 입장에서 갈등의 원인을 분석하고, 양측의 의견을 공정하게 들어준 후, 상호 만족할 수 있는 해결책을 찾아내야 한다.

5. 멘토 및 코치
팀장은 팀원들의 개인적인 성장을 지원하고 멘토링하는 역할을 한다. 이는 개별 팀원의 강점을 파악하고, 이를 바탕으로 그들의 경력을 계획하고 발전시키는 것을 도울 수 있다. 또한 코칭을 통해 팀원들이 자신의 잠재력을 최대한 발휘할 수 있도록 돕는다.

6. 모티베이터
팀원들을 동기부여하는 것은 팀장의 중요한 역할이다. 팀원들이 자신의 일에 열정을 갖고, 자신들이 수행하는 업무가 큰 목표에 기여한다는 사실을 인식하게 함으로써, 사기를 높일 수 있다.

7. 대변인
팀장은 조직 내외부에서 팀의 이익과 필요를 대변하는 역할을 한다. 이는 상위 경영진에게 팀의 성과와 필요를 전달하는 것부터 시작해, 다른 부서 또는 외부 이해관계자와의 협력에서 팀의 입장을 대변하는 것을 포함한다.

팀장이 살아야 조직이 산다
– 팀장이 중요한 까닭

조직의 성공은 많은 요소에 의존하지만, 그중에서도 팀장의 역할이 가장 결정적인 경우가 많다. 팀장이 조직의 심장과 같다면 그 심장이 건강해야 전체 몸이 원활하게 기능할 수 있다. 그런 면에서 '팀장이 살아야 조직이 산다'는 말은 괜한 소리가 아니다.

팀장이 살아야 조직이 사는 첫 번째 이유는 팀장은 조직의 나침반과 같은 존재이기 때문이다. 팀장이 명확한 방향성과 목표를 설정하고 이를 팀원들에게 효과적으로 전달하는 능력이 조직의 성과에 직접적인 영향을 미친다. 이는 항해 중인 배가 정확한 목적지를 향해 나아가야 하듯, 조직도 분명한 목표를 가지고 전진해야 한다는 것을 의미한다. 팀장이 이러한 방향성을 제시하지 못할 경우, 팀은 쉽게 표류하게 되고 이는 곧 조직 전체의 실패로 이어질 수 있다.

팀장이 살아야 조직이 사는 두 번째 이유는, 팀장이 조직 문화의 창조자이자 수호자이기 때문이다. 조직 문화는 팀의 일상적인 상호작용에서부터 의사결정 과정에 이르기까지 모든 것을 규정한다. 팀장이 긍정적이고 포괄적인 문화를 조성할 때 팀원들은 자신의 아이디어를 자유롭게 표현하고 서로의 다양성을 존중하는 환경에서 근무하게 된다. 이런 환경은 창의력과 혁신을 촉진하며 결국 조직의 성장과 진화에 기여한다. 반대로, 팀장이 독선적이거나 배타적인 문화를 조성한다면 이는 팀원들 사이의 갈등을 유발하고 조직의 잠재력을 저해할 수 있다.

셋째는, 팀장은 멘토이자 코치로서 팀원들의 개인적, 전문적 성장을 지원하기 때문이다. 팀원 각자의 강점을 발견하고 이를 통해 그들의 잠재력을 최대화할 수 있는 기회를 제공하는 것은 팀장의 중요한 역할이다. 이를 통해 팀원들은 자신의 역량을 개발하고 동시에 조직의 목표 달성에 기여할 수 있다. 팀장이 이러한 지원을 제공함으로써, 팀원들은 보다 높은 동기부여를 갖고 조직에 대한 충성도와 만족도가 향상된다.

넷째, 팀장은 위기의 순간에 조직의 등대와 같기 때문이다. 모든 조직은 시간이 지남에 따라 여러 형태의 도전과 위기를 맞이한다. 이러한 상황에서 팀장의 역할은 매우 중요하다. 팀장이 침착하게 문제를 진단하고 효과적인 해결책을 모색할 때, 팀은 위기를 기회로 전환할 수 있다. 반면, 팀장이 위기 상황에서 불안정하거나 비효율적으로 대응한다면 어찌 되겠는가? 이는 조직 전체에 심각한 부정적 영향을 미칠 수 있다. 팀장이 위기를 잘 관리하면 팀원들 사이의 신뢰가 강화되고 앞으로의 어려움을 함께 극복할 수 있는 능력이 향상된다.

다섯째, 팀장은 변화를 관리하는 주체이기 때문이다. 조직은 끊임없이 변화하는 시장 환경에 적응해야 한다. 팀장이 이러한 변화를 선도하고 조직 내에서 변화를 긍정적으로 받아들이도록 유도할 때 조직은 생존하고 번영할 수 있다. 변화관리는 민첩성을 요구하며, 팀장이 팀원들에게 변화의 필요성을 명확하게 설명하고 적응 과정에서 그들을 지원해야 한다. 이는 조직이 미래에 대비하고 지속 가능한 성장을 이루는데 필수적인 요소이다.

여섯째, 팀장의 리더십 스타일은 조직의 성과에 직접적인 영향을 미치기 때문이다. 리더십 스타일이 팀원들의 동기부여, 업무 만족도, 그리고 일반적인 웰빙에 큰 영향을 줄 수 있다. 예를 들어 서번트 리더십Servant Leadership 스타일을 채택한 팀장은 팀원들의 요구를 우선시하며 이를 통해 팀원들이 보다 헌신적이고 참여적인 태도를 보일 수 있다. 반면, 권위주의적 리더십은 팀원들을 억압할 수 있고 창의력과 혁신을 저해할 수 있다.

일곱째, 팀장은 팀의 성과를 측정하고 평가하는 책임을 지기 때문이다. 이는 팀의 목표 달성 여부를 파악하고 필요한 조정을 할 수 있게 한다. 팀장이 성과관리를 효과적으로 수행하면 팀은 지속적으로 개선할 수 있는 기회를 갖게 되며 이는 곧 조직의 경쟁력을 강화하는데 기여한다. 성과관리는 또한 팀원들이 자신의 기여도를 명확하게 인식하고, 자신의 업무에 대한 자부심을 느낄 수 있게 해준다.

마지막으로, 팀장은 인간적인 면모를 가지고 팀원과의 신뢰를 구축해야 하기 때문이다. 팀장이 팀원들과의 개인적인 관계를 중시하고 그들의 개인적인 욕구와 직업적인 목표에 귀 기울일 때, 팀원들은 보다 큰 충성심과 열정을 가지고 일하게 된다. 이러한 관계는 팀의 유대감을 강화하고, 조직 전체의 분위기를 개선하는 데 기여한다.

이렇듯 팀장의 역할은 매우 광범위하다. 팀은 팀장의 수준에 따라 성패가 좌우된다. 그런 면에서 팀장이 살아야 팀이 살고 더 나아가 조직 전체가 살 수 있다. 그런면에서 '팀장이 살아야 조직이 산다'는 말은 팀장이 조직의 건강과 성공을 위해 필수적인 역할을 수행한다는 깊은 진리를 담고 있다 하겠다.

직위·직급·직책·직함

언뜻 보면 비슷비슷해 보이는 단어들이어서 헷갈리게 사용하는 수가 많지만 엄격히 따지면 각각의 뜻이 다르다.

직위는 직무에 따라 규정되는 사회적인 위치를 말하며 대리, 과장, 차장, 부장, 상무, 전무 등이 직위라고 할 수 있다. '승진을 했다'라고 하면 대부분 이 직위가 상승할 때를 뜻한다.

직급은 직무의 등급을 말하는 것으로 일반 회사보다는 공무원처럼 호봉제가 있는 곳에서 사용한다. 9급, 7급, 5급 등을 말한다. 이 직급을 호칭으로 쓰는 경우는 거의 없다.

직책은 '직무상의 책임'이라는 뜻으로 직위와는 별개로 부여된 보직이다. 팀장, 파트장, 본부장 등이 바로 그것이다. 그렇기 때문에 똑같이 과장이라도 어떤 사람은 팀장일 수 있고 어떤 사람은 팀장이 아닐 수 있다.

직함은 직위와 직책을 통틀어 일컫는 말이다. 최근에는 복잡한 직위 체계를 없애고 직책만 남긴 채 상호 간에 이름이나 별명으로 부르는 회사도 늘어나는 추세이지만, 여전히 많은 회사들이 기존의 직위 체계를 유지하는 중이라서 기본적인 내용은 숙지할 필요가 있다.(https://dingdo.tistory.com/1072)

팀장으로서 겪는 힘든 점 – 10가지 애로사항

팀장의 역할은 마치 다재다능한 서커스 곡예사와 같다. 그들은 여러 공을 동시에 던지고 받으며, 때로는 고양이를 몰고, 때로는 코끼리를 조련해야 한다. 이 모든 일을 하면서도 미소를 잃지 않아야 하는 게 팀장이다. 그렇다면 팀장들이 일상에서 마주치는 다양한 애로사항은 무엇이 있을까? 그들이 흔히 겪는 10가지 힘든 점을 들여다보며 당신 자신과 비교해보자.

첫째로 팀원과의 관계를 원활하게 유지하는 문제다. 때때로 팀원들은 각기 다른 가치관과 기대를 가지고 일을 한다. 신세대라면 더욱 그렇다. 그런 다양한 사람들을 하나로 묶고, 갈등을 조율하는 것은 팀장에게 큰 과제요 애로사항의 으뜸이라 할 수 있다.

둘째, 회사의 목표와 팀원들의 동기부여 사이에서 균형을 잡아야 한다는 점이다. 회사는 효율과 수익을 추구하는 반면에 팀원들은 개인적인 성장과 발전을 바란다. 이 둘 사이에 낀 사람이 바로 팀장이다. 팀원들에게 비전을 제시하고 그들이 회사의 방향에 동참하도록 유도하는 것은 끊임없이 노력해야 할 과제요 애로다.

셋째, 책임감의 무게다. 팀장이 됐다는 것은 소위 책임자가 됐다는 것이요 그것은 동시에 무거운 책임의 짐을 진다는 것을 의미한다. 팀장이 되면 개인성과에 대한 책임을 넘어 팀 전체의 성과에 대한 책임을 져야 한다. 팀원의 실수나 예상치 못한 문제가 발생하면 그 책임은 고스란히 팀장이 져야 한다. 팀장이 스스로 모든 책임을 지는 자세는 팀원들에게 신뢰를 주지만, 동시에 엄청난 부담을 동반한다. 이 책임을 어떻게 감당하고 극복하느냐가 팀장의 리더십에 중요한 부분이다.

넷째, 상사와의 관계를 다루는 일이다. 상사와의 관계는 팀장에게 큰 과제다. 상사들은 종종 높은 기대치를 가지고 팀장에게 업무를 지시하고 압박하는데, 그 요구는 때로 현실과 괴리될 수 있다. 이런 상황에서는 상사에게 팀의 실질적인 상황을 전달하고, 현실적인 목표를 설정하는 것이 필요하다. 하지만 상사의 지시와 기대를 무시할 수는 없기에 이러한 균형을 찾는 것은 매우 어렵다.

다섯째, 변화하는 업무 환경에 적응하는 일이다. 현대 기업은 빠르게 변화하고 있으며, 이에 따라 새로운 기술과 전략을 익히고 적용해야 한다. 팀원들이 이 변화를 따르도록 이끌면서 스스로도 학습과 성장을 게을리하지 않는 것은 팀장으로서 매우 중요한 부분이다. 새로운 업무 방식을 도입하거나 변화에 대응하는 전략을 수립할 때는 팀원들과 긴밀한 협력이 필요하며, 이 과정에서 팀장의 지도력과 통찰력이 발휘된다.

여섯째, 업무 분배와 성과평가의 공정성을 유지하는 것도 애로사항의 하나다. 그까짓 거 사심 없이 공정하게 하면 된다고? 말은 쉽지만 세상은 그렇게 간단치 않다. 은근히 신경쓰인다. 팀원들은 각자 맡은 일과 그에 따른 보상에 민감하며 팀장의 결정에 불만을 가질 수 있다. 팀장이 보는 팀원과 팀원 스스로 생각하는 자기평가는 전혀 다를 수 있기 때문이다. 따라서 업무 분배와 성과평가에서는 객관적인 기준을 세우고 투명한 의사소통을 하는 것이 필수적이다. 이러한 과정을 통해 팀원들은 자신들이 적절하게 대우받고 있다고 느끼며, 이는 그들의 동기부여와 성과에 직접적으로 영향을 미친다.

일곱째, 스트레스 관리도 빼놓을 수 없다. 팀장은 끊임없는 회의, 보고, 계획 수립 등의 업무로 스트레스가 쌓일 수밖에 없다. 이로 인해 건강이 악화되거나 의사소통에 부정적인 영향을 미칠 수 있다. 스스로 스트레스를 잘 관리하는 능력은 리더십을 유지하는데 핵심이며, 팀원들에게도 워크라이프 밸런스를 유지할 수 있는 환경을 조성하는 것이 필요하다.

여덟째, 팀원들의 커리어 개발을 지원하는 것도 빼놓을 수 없는 과제다. 팀원들은 성장과 발전을 추구하며, 이에 대한 지원과 지도가 필요하다. 팀장은 그들의 역량을 파악하고 이를 발전시킬 기회를 제공하는 멘토의 역할을 수행해야 한다. 팀원의 장점과 약점을 잘 파악하여 그들의 커리어 경로에 대한 조언을 제공하면 팀원들은 그들의 잠재력을 최대한 발휘할 수 있다.

아홉째, 업무 우선순위를 결정하는 일도 쉽지 않다. 모든 프로젝트와 과제가 동시에 중요하게 느껴질 수 있지만, 팀장으로서 가장 우선적인 일이 무엇인지 판단해야 한다. 자원을 적절하게 배분하고 한정된 시간과 인력을 효율적으로 활용하여 결과를 내는 것은 전략적 사고와 결단력을 요구한다. 팀원들이 혼란 없이 업무를 진행할 수 있도록 분명한 방향을 제시하는 것이 좋다.

마지막으로, 외부 이해관계자들과의 소통도 중요하다. 팀장은 고객, 협력사, 부서 간의 조정 등을 책임지며 이들과의 관계를 원활하게 유지해야 한다. 상대방의 요구를 정확하게 파악하고 팀의 입장을 명확하게 전달하는 것은 조직의 성과와 이미지에 큰 영향을 미친다. 이해관계자들의 요구를 적절하게 조율하고 팀의 목표를 달성하는 과정에서 발생하는 갈등을 해결하는 능력은 팀장의 핵심 역량 중 하나다.

결국, 팀장의 역할은 업무의 총책임자로서의 리더십을 발휘하면서도, 여러 이해관계자의 요구와 팀원들의 성장 욕구 사이에서 균형을 잡는 일이다. 이러한 현실적인 애로사항은 팀장이라는 자리가 주는 책임감과 함께 필연적으로 따라오는 도전이지만, 동시에 이를 극복하면서 조직의 성공과 발전을 이끌어 나갈 수 있다면 그만큼 큰 보람도 느낄 수 있을 것이다.

현장에서 실감하는 애로사항 베스트 10

팀장들이 힘들어 하는 10가지에 대하여 홍석환 HR전략 컨설팅 대표는 팀장들에게 직접 질문을 했다. 현장에서 느끼는 애로사항을 생생하게 전하고 있다. 앞 본문에서 살펴본 애로사항과 현장의 그것이 어떻게 다른지 비교해보자.

1. 직장 내에서 상사와 MZ세대와의 세대차이 극복
2. 나이 많은 팀원이 유지 수준의 일을 하면서, 자기에 대해서는 신경 쓰지 말라고 하며 개인 행동을 하는 등, 문제 직원들의 대처 방법
3. 도전적 목표설정을 하고, 주어진 목표는 100% 이상 달성하라고 하는데, 팀 목표설정과 성과창출을 위한 방안과 팀원의 목표설정과 관리방안
4. 직원이 많지 않아 퇴직 직원이 생기면 보충하는 식의 신규직원이 입사한다. 별도의 입문교육이 없고 기본예절과 회사생활에 대한 기초가 안 된 직원이 배치되어 팀원 간 갈등을 유발한다.
5. 상사의 의사결정이 늦고, 지적이 심하다. 의사결정이 되지 않아 회사에 손해를 끼치기도 한다. 어떻게 상사의 의사결정을 신속하고 올바르게 할 수 있겠는가?
6. 일을 지시하면 "안 한다, 못한다"고 하며 스트레스를 받게 하는데, 팀원의 마음을 잡기가 어렵다.
7. 팀원들의 애로사항을 면담해주다 보면, 나는 더 힘든데 누구에게 위로 받지 하는 생각과 근무하면 할수록 꿈도 없이 정체되어 가는 자신을 바라보게 될 때.
8. 시키면 무조건 하라는 식의 경영층과 CEO의 리더십 스타일.
9. 타 부서와 업무 협력이 되지 않고, 상대 팀의 입장을 고려하지 않

고 무리하게 요구하는 경우의 거절 어려움.

10. CEO가 영업부서만 챙기고 경영관리, 기술개발 관련 팀들은 영업이 되도록 지원만 잘하면 된다는 인식.

(한국경제, 2021. 11. 29, [홍석환의 인사 잘하는 남자] '팀장 되기 싫다' 중에서)

팀장의 조건
— 탁월한 팀장을 위한 덕목 23

미국방위물류기관Defense Logistics Agency, D.L.A에
서 일하는 메리 올브라이트와 클레이 카는《팀장이 절대로 해서는
안 될 101가지 행동》이라는 책을 냈었다. 무려 101가지나 말이다.
절대해서는 안 되는 행동이라면 이는 팀장의 조건을 부정적으로
표현한 것이라 할 수 있겠다. 하지 말아야 할 조건 말이다. 이처럼
팀장이 되기 위해 필요한 조건은 매우 폭넓고 다양하다. 이는 조
직의 특성, 팀의 성격, 그리고 업종에 따라 달라질 수 있다. 여기서
는 일반적으로 중요하게 여겨지는 핵심 조건과 역량을 정리해보겠
다. 그럼에도 23가지나 된다. 많다는 것은 그만큼 팀장의 역할을
다하기가 힘들다는 의미도 된다. 당신은 이 중에 어떤 부분에서 합
격점이고 어떤 항목에서 문제가 있는지 냉정히 점검해보자.

1. 리더십 역량

팀장으로서의 리더십은 단순히 명령을 내리는 것이 아니라 팀을 영감으로 이끌고 각 구성원이 최선을 다할 수 있도록 동기를 부여하는데 중심을 둔다. 이를 위해 팀장은 강한 비전을 가지고 있어야 하며, 이 비전을 구체적이고 명확하게 팀원들에게 전달할 수 있어야 한다. 또한 팀원들의 성장을 지원하고 필요한 자원과 지원을 제공하여 팀원들이 자신들의 잠재력을 최대한 발휘할 수 있도록 해야 한다.

리더십은 또한 변화 관리에 중요한 역할을 한다. 팀장은 변화가 필요한 시점을 인식하고 이 변화를 효과적으로 관리하여 팀이 새로운 상황에 잘 적응할 수 있도록 해야 한다. 이 과정에서 리더의 유연성과 결단력이 크게 요구된다.

2. 의사소통 능력

팀장의 의사소통 능력은 팀 내외부와의 관계를 원활하게 유지하는데 필수적이다. 이는 팀원들과의 일상적인 대화에서부터 갈등 상황에서의 중재 그리고 조직의 다른 부서나 이해관계자들과의 협상에 이르기까지 다양한 상황에서 중요하게 작용한다. 팀장은 효과적인 피드백을 주고받을 줄 알아야 하며 각종 회의와 프레젠테이션에서 효과적으로 의견을 개진할 수 있어야 한다.

3. 전문성과 경험

팀장이 되려면 해당 분야의 전문 지식이 필수적이다. 이는 팀장이 팀원들의 업무를 정확히 이해하고, 필요할 때 적절한 지도와 조언을 제공할 수 있게 한다. 또한 팀장으로서의 전문성은 프로젝트의 방향을 설정하고 복잡한 문제에 대한 해결책을 제시하는데 큰 도움이 된다.

4. 팀 관리 능력

팀장은 팀 관리에 있어서도 뛰어난 능력을 발휘해야 한다. 이는 팀원들의 역할을 적절히 배분하고 각자의 업무를 공정하게 평가하는 것을 포함한다. 팀장은 팀의 동기를 유지하고 성과를 최적화하기 위해 개인별 성과관리 및 개발 계획을 수립해야 한다. 이 과정에서 정기적인 성과 리뷰와 목표 설정이 중요하게 작용한다.

5. 유연성과 적응성의 실제 적용

팀장은 끊임없이 변화하는 업무 환경 속에서도 팀을 안정적으로 이끌 수 있어야 한다. 이는 기술의 발전, 조직 구조의 변화, 시장 상황의 변동 등 다양한 외부 요인에 능동적으로 대응하는 능력을 포함한다. 팀장은 이러한 변화를 예측하고 필요한 조치를 미리 계획하여 팀이 적응할 수 있도록 준비시켜야 한다. 또한 변화에 대한 팀원들의 저항을 관리하고 긍정적인 태도로 변화를 받아들일 수 있도록 영향력을 발휘해야 한다.

6. 문제 해결 능력

팀장은 빈번하게 다양한 문제에 직면하게 된다. 이런 문제들은 기술적인 어려움에서부터 인간관계에 이르기까지 다양할 수 있으며 효과적인 문제 해결 능력이 필요하다. 팀장은 문제의 본질을 정확히 파악하고 창의적이고 실질적인 해결책을 제시할 수 있어야 한다. 이를 위해 비판적 사고와 분석적 접근이 요구되며 때로는 팀원들과 협력하여 최적의 해결책을 도출해야 한다.

7. 감성 지능

팀원들과의 관계를 효과적으로 관리하기 위해서는 높은 수준의 감성 지능이 필요하다. 감성 지능은 자신의 감정을 이해하고 관리할 뿐만 아니라 타인의 감정을 인식하고 적절하게 반응할 수 있는 능력을 말한다. 팀장은 팀원들의 감정 상태를 파악하고 그들의 우려나 기대를 적절히 다룰 수 있어야 하며, 이는 팀의 분위기와 동기를 긍정적으로 유지하는데 크게 기여한다.

8. 윤리적 리더십

팀장으로서 윤리적으로 행동하는 것은 매우 중요하다. 이는 팀원들에게 모범을 보이고 조직 전체의 윤리 기준을 높이는데 기여한다. 팀장은 공정하고 투명한 결정을 내려야 하며 모든 팀원을 공평하게 대해야 한다. 또한 어떠한 상황에서도 정직과 신뢰성을 유지함으로써 팀원들로부터 존경과 신뢰를 얻어야 한다.

9. 지속적인 학습 및 개발

효과적인 팀장은 지속적인 자기 개발을 통해 자신의 리더십을 강화한다. 이는 새로운 리더십 이론을 공부하고 다양한 관리 기술을 배우며, 자신의 경험을 반성하고 그로부터 배우는 과정을 포함한다. 또한 팀장은 팀원들이 지속적으로 학습하고 성장할 수 있도록 격려하고 지원하는 역할을 해야 한다.

10. 대인 관계 능력

팀장은 강력한 대인 관계 능력을 갖추어야 한다. 이는 팀원들과의 신뢰를 구축하고 강력한 네트워크를 형성하는데 필수적이다. 대인 관계 능력은 팀원들과 개별적으로 깊이 있는 관계를 맺을 수 있게 해주며, 팀원 각자의 욕구와 기대를 더 잘 이해하고 지원할 수 있도록 한다. 또한 이를 통해 팀장은 갈등 상황을 더욱 효과적으로 관리하고 조직 내외부의 다양한 이해관계자들과의 협력을 강화할 수 있다.

11. 전략적 사고

팀장은 전략적 사고 능력을 갖추어야 한다. 이는 조직의 장기 목표와 일치하는 팀의 목표를 설정하고 팀의 역량을 최적화하여 이러한 목표를 달성하기 위한 계획을 수립하는데 중요하다. 전략적 사고는 또한 시장 변화나 경쟁 상황을 분석하고 이에 대응하는 적절한 조치를 취할 수 있는 능력을 포함한다.

12. 동기 부여 능력

팀장은 팀원들을 지속적으로 동기 부여할 수 있는 능력이 있어야 한다. 이는 팀원들이 자신들의 일에 열정을 갖고, 높은 성과를 내도록 격려하는 것을 포함한다. 동기부여는 팀원들의 성취를 인정하고 칭찬함으로써 이루어질 수 있으며, 팀원들이 자신들의 업무에 의미와 가치를 느낄 수 있도록 하는 것이다.

13. 위기 관리 능력

팀장은 예상치 못한 상황이나 위기가 발생했을 때 침착하게 대처할 수 있어야 한다. 위기관리 능력은 신속하고 효과적인 의사결정을 가능하게 하며, 위기 상황에서 팀원들을 안정시키고 조직의 손실을 최소화하는데 중요한 역할을 한다. 팀장은 위기 상황에서도 전략적으로 사고하고 필요한 조치를 취하면서 팀원들의 동기를 유지해야 한다.

14. 조직적 민첩성

조직적 민첩성은 팀장이 갖춰야 할 또 다른 중요한 조건이다. 이는 변화하는 상황에 신속하게 적응하고 조직의 요구와 팀의 우선순위를 지속적으로 조정할 수 있는 능력을 포함한다. 팀장은 새로운 기술 도입, 업무 방식의 변화, 팀 구성의 조정과 같은 다양한 변화를 효과적으로 관리해야 한다.

15. 회복 탄력성

팀장은 개인적이고 전문적인 도전을 겪을 때 회복 탄력성을 발휘해야 한다. 이는 어려운 상황과 스트레스를 겪어도 긍정적인 태도를 유지하고 빠르게 회복하여 정상적인 업무 수행 능력을 회복하는 능력을 말한다. 회복 탄력성은 팀원들에게도 긍정적인 영향을 미쳐, 팀 전체의 사기와 생산성을 유지하는데 도움을 준다.

16. 혁신적 사고

팀장은 혁신적 사고를 통해 새로운 아이디어와 방법론을 탐구하고 적용해야 한다. 이는 기존의 문제를 해결하고 팀의 작업 방식을 개선하여 보다 효과적인 결과를 도출하는데 필수적이다. 혁신은 또한 조직이 경쟁력을 유지하고 새로운 기회를 발굴하는데 중요한 역할을 한다.

17. 코칭 및 멘토링 능력

팀장은 팀원들의 개인적 및 전문적 성장을 지원하기 위해 코칭 및 멘토링 역할을 수행해야 한다. 이는 팀원들이 자신의 잠재력을 최대한 발휘할 수 있도록 지도하고, 그들의 경력개발을 지원하는 과정이다. 코칭 및 멘토링은 팀원들이 자신의 역량을 인식하고 이를 개발하는데 도움을 주어, 장기적으로 조직에 기여하는 핵심 인재로 성장하도록 한다.

18. 문화적 감수성

현대의 조직 환경에서 팀장은 다양한 문화적 배경을 가진 팀원들을 이해하고 존중하는 문화적 감수성을 가져야 한다. 이는 팀 내에서 다양성이 존중되고 포용되는 환경을 조성하여 모든 팀원이 자신의 가치와 능력을 인정받을 수 있도록 하는데 필수적이다. 문화적 감수성은 또한 글로벌 시장에서의 조직의 경쟁력 강화에 기여한다.

19. 진실성과 투명성

팀장은 투명한 의사결정 과정을 통해 진실성을 유지해야 한다. 이는 팀원들이 팀장의 결정을 신뢰하고 조직의 방향과 정책에 대해 명확하게 이해할 수 있도록 하는데 중요하다. 진실성과 투명성은 조직 내 신뢰를 구축하고 모든 구성원이 조직의 목표와 가치에 적극적으로 기여하도록 동기를 부여한다.

20. 갈등해결 능력

팀 내외의 갈등을 효과적으로 관리하고 해결하는 능력은 팀장에게 필수적이다. 갈등은 불가피하며 때로는 건설적인 결과를 가져올 수 있다. 팀장은 갈등상황을 신속하게 파악하고 중립적이고 공정한 방법으로 갈등을 중재하여 해결해야 한다. 이 과정에서 팀원들의 의견을 적극적으로 듣고, 모든 관련자가 수용할 수 있는 해결책을 찾는 것이다.

21. 결정력

팀장은 때때로 빠른 결정을 내려야 하는 상황에 직면한다. 결정력은 정보를 신속하게 분석하고 필요한 행동을 결정하며 불확실성을 관리하는 능력을 포함한다. 강력한 결정력은 팀원들에게 확신을 주고 프로젝트나 작업이 계획대로 진행될 수 있도록 한다.

22. 인내심

팀장으로서 성공적인 리더십을 발휘하기 위해서는 상당한 인내심이 필요하다. 프로젝트의 지연, 팀원의 학습 곡선, 예상치 못한 문제 등은 모두 인내심을 시험한다. 팀장은 이러한 도전들을 차분하게 받아들이고 팀원들을 지지하며 목표 달성을 향해 꾸준히 나아갈 수 있어야 한다.

23. 영감을 주는 모델

마지막으로, 팀장은 팀원들에게 긍정적인 영향을 미치고 모범을 보이는 영감을 주는 인물이어야 한다. 이는 팀원들이 팀장의 행동과 태도를 모방함으로써 보다 높은 표준과 성과를 지향하도록 격려한다. 영감을 주는 리더십은 팀원들이 직면한 어려움을 극복하고 자신들의 잠재력을 최대한 발휘하도록 돕는다.

이처럼 팀장으로서 갖추어야 할 조건과 역량은 매우 다양하며, 이 모든 요소들이 서로 상호작용하면서 팀의 성공과 조직의 발전을 이끌어간다. 팀장으로서 이러한 역량(조건)을 지속적으로 개발하고 강화하는 것은 팀의 효율성과 성과를 최적화하고, 팀원들의 직무 만족도와 개인적 성장을 촉진하는데 매우 중요하다. 이들 조건 중 특히 중요한 부분에 대하여는 이후 상세히 다룰 것이다.

팀장의 리더십
– 팀장의 으뜸 조건

      앞장에서 다룬 23가지 팀장의 조건 중에서 제일 먼저 등장하는 것은 역시 리더십이다. 팀장의 리더십은 조직 내에서 팀원들을 효과적으로 이끌고 목표를 달성하는데 있어 핵심적인 역할을 한다. 리더십은 단순히 명령을 내리고 통제하는 것을 넘어서 팀원들이 자신의 잠재력을 최대한 발휘할 수 있도록 영감을 주고, 동기를 부여하며, 지원하는 과정을 포함한다. 이러한 리더십의 중요성을 잘 이해하고 실행하는 것은 팀장의 주요 책임 중 하나이다.

    리더십 이론 중 하나인 변혁적 리더십은 팀장이 팀원들과의 관계를 강화하고 그들의 동기를 부여하는데 중점을 둔다. 변혁적 리더십은 리더가 비전을 제시하고 열정을 공유하며, 팀원들이 그 비전을 향해 나아갈 수 있도록 격려하는 것을 특징으로 한다. 이 이론에 따르면 팀장은 리더로서 팀원들의 존경과 신뢰를 얻기 위해 개인적인 관심을 보여주고 팀원들의 성장과 발전을 적극적으로 지원해야 한다.

이와 관련하여 미국의 전 대통령 로널드 레이건은 이렇게 말했다. "위대한 리더는 사람들에게 무엇을 해야 할지 말하는 사람이 아니라 그들로 하여금 그것을 하고 싶게 만드는 사람이다"라고. 이 말은 팀장의 리더십이 팀원들에게 어떠한 영향을 미치며, 그들이 스스로 목표에 도달하고자 하는 열정을 불러일으킬 수 있어야 함을 강조한다.

팀장이 리더십을 발휘할 때 고려해야 할 또 다른 이론은 서번트 리더십이다. 이 이론은 리더가 팀원들의 요구를 우선적으로 고려하며, 팀원들이 더 효과적으로 일하고 개인적으로 성장할 수 있도록 지원하는데 초점을 맞춘다. 서번트 리더는 권위를 행사하기보다는 팀원들을 위해 봉사하는 자세를 가지며 이는 팀 내의 신뢰와 존중을 증진시키는데 기여한다.

팀장이 효과적인 리더십을 발휘하기 위해서는 명확한 커뮤니케이션 능력도 필수적이다. 팀장은 자신의 비전과 계획을 분명하게 전달할 수 있어야 하며, 팀원들의 의견과 피드백을 적극적으로 듣고 반영할 수 있어야 한다. 이 과정에서 개방적이고 정직한 소통은 팀원들이 자신들의 의견이 중요하게 여겨진다고 느끼게 하며 이는 결국 팀원들의 참여와 헌신을 이끌어낼 수 있다.

또한 팀장의 리더십은 윤리적이어야 한다. 팀원들은 팀장을 본보기로 삼기 때문에 팀장이 정직하고 공정한 행동을 보여주어야 한다. 이는 조직 내의 도덕적 기준을 설정하고 윤리적인 환경을 조성하는데 중요한 역할을 한다. 팀원들이 팀장을 신뢰하면 그들은 더 많은 책임감을 가지고 업무에 임하게 된다.

종합적으로 볼 때, 팀장의 리더십은 조직의 성공을 이끄는 주요 동력으로써, 팀장이 팀원들을 잘 이끌고, 그들에게 영감을 주며, 지원하고, 권한을 부여하면 팀은 더 강력하고 유기적으로 움직일 수 있다. 팀장이 이러한 리더십을 발휘할 때 팀은 높은 성과를 달성하고 조직은 지속 가능한 성장을 이룰 수 있다.

• 팀장의 리더십 스타일

리더십은 다양한 형태와 스타일로 표현되며 팀장으로서 어떻게 이를 적용하느냐는 팀의 성과와 분위기를 크게 좌우한다. 여기서는 팀장이 될 때 자주 사용되는 몇 가지 리더십 스타일과 그 스타일을 실제 상황에 어떻게 적용할 수 있는지에 대해 알아보자.

첫 번째로, 변혁적 리더십에 대한 것이다. 변혁적 리더십은 리더가 비전을 제시하고 팀원들에게 동기를 부여하여 그 비전을 달성하도록 이끄는 스타일이다. 이 리더십의 핵심은 리더가 갖고 있는 카리스마, 팀원 개개인과의 깊은 관계, 그리고 동기부여 능력에 있다. 예를 들어, 프로젝트를 시작할 때 팀장이 명확한 목표와 비전을 제시하고 각 팀원이 그 비전에서 자신의 역할을 이해하도록 돕는다. 팀원들이 어려움을 겪을 때 팀장은 그들을 격려하고 필요한 자원이나 지원을 제공하여 목표 달성을 위해 팀원들이 자신감을 가질 수 있도록 한다.

두 번째는 거래적 리더십이다. 거래적 리더십은 보상과 벌을 통해 팀원들의 성과를 관리하는 방식으로, 명확한 기대치와 그에 따른 보상 체계를 설정하여 팀원들이 목표에 도달하도록 유도한다. 이 스타일은 특히 단기적이고 구체적인 목표를 가진 프로젝트에서 효과적일 수 있다. 예를 들어 매달 판매 목표를 달성하는 팀원에게 보너스를 제공하거나, 프로젝트의 마감일을 엄수한 팀에게 추가 휴가를 주는 방식이 이에 해당한다.

세 번째로, 포용적 리더십을 살펴보자. 포용적 리더십은 다양성을 존중하고 팀원 각자의 의견을 적극적으로 수렴하여 결정을 내리는 스타일이다. 이 리더십은 팀원들이 소속감을 느끼고 자신의 의견이 중요하게 다뤄진다고 느낄 때 가장 잘 작동한다. 실제로 팀 회의 시 팀장이 모든 팀원의 의견을 청취하고 그 의견을 바탕으로 팀의 방향을 설정하는 것을 예로 들 수 있다. 이는 팀원들이 자신들의 기여가 팀 전체의 성과에 중요하다고 느끼게 하여 더 적극적으로 프로젝트에 참여하도록 만든다.

네 번째로, 서번트 리더십이다. 서번트 리더십은 리더가 팀원들의 성장과 복지를 최우선으로 생각하고 자신을 팀원들을 섬기는 사람으로 여기는 스타일이다. 이 스타일의 리더는 팀원들의 필요를 충족시키기 위해 노력하고 그들이 최고의 성과를 낼 수 있도록 지원한다. 이를 실제로 적용할 때, 팀장은 팀원들의 개인적인 발전과 프로페셔널한 성장을 돕기 위해 자원을 할당하고 교육 프로그램이나 멘토링을 제공할 수 있다.

　마지막으로는 상황적 리더십이다. 상황적 리더십은 특정 상황에 따라 리더십 스타일을 유연하게 변경할 수 있는 능력을 의미한다. 이는 리더가 각기 다른 상황에서 팀원들의 요구와 프로젝트의 요구에 가장 잘 맞는 스타일을 선택하여 적용하는 것을 말한다. 예를 들어, 긴급한 프로젝트에서는 지시적인 스타일을 사용할 수 있으며, 팀이 자율성을 필요로 할 때는 더 자유로운 접근을 허용하는 것이다. 이렇게 상황에 따라 리더십 스타일을 조정함으로써, 팀장은 모든 상황에서 최적의 팀 성과를 이끌어낼 수 있다.

　그 외에도 여러 스타일의 리더십이 있지만 팀장으로서 이러한 리더십 스타일을 이해하고 상황에 맞게 적절히 적용하는 것은 필수적이다. 각 스타일이 가진 장점과 적절한 상황을 파악하여 팀원들과의 관계를 강화하고 프로젝트의 성공을 도모하는 것이 팀장의 역할이다. 또한 리더십은 지속적으로 발전시켜야 할 기술이므로 자신의 리더십 스타일을 주기적으로 평가하고 개선하는 노력도 필요하다. 이러한 과정을 통해 팀장은 보다 효과적인 리더가 될 수 있다.

팀장의 팔로워십
– 상사와의 연결고리

　　　　　　팀장은 리더임과 동시에 팔로워이기도 한 중간
간부다. 따라서 팀장은 조직 내에서 복잡한 역할을 수행하게 되는
데, 리더로서의 리더십과 상위 리더에게 보고하는 팔로워로서의
팔로워십을 모두 요구받는다. 이 독특한 위치는 두 가지 능력을
균형 있게 발휘해야 함을 뜻한다. 팔로워십은 팀장이 상위 리더와
협력하여 조직의 목표를 달성하고, 동시에 자신이 이끄는 팀을 효
과적으로 관리할 수 있도록 돕는 중요한 요소이다.

　팔로워십이 중요한 이유는 팀장이 조직의 비전과 전략을 팀원
들에게 명확하게 전달하여 팀원들이 통일된 방향으로 나아가도록
도와주는데 있다. 팀장은 자신의 팀이 조직의 전반적인 목표에 부
합하는 방향으로 움직이도록 유도해야 한다. 이를 위해서는 상위

리더가 추구하는 방향과 전략을 정확하게 이해하고 이를 실무에 반영할 수 있어야 한다.

　팔로워십을 효과적으로 발휘하기 위해 팀장이 가장 먼저 해야 할 일은 명확한 소통이다. "말하지 않으면 통하지 않는다"는 속담처럼, 팀장은 상위 리더의 전략을 정확하게 이해하고 이를 팀의 업무에 반영하며, 팀원들이 이를 수용할 수 있도록 커뮤니케이션에 힘써야 한다. 상위 리더의 결정과 지시 사항을 효과적으로 전달하는 동시에, 팀의 의견과 현장의 목소리를 상위 리더에게 투명하게 전달하는 것이 중요한다. 이러한 이중 소통은 상위 리더와 팀원 모두에게 신뢰를 주고 조직 내 커뮤니케이션의 가교 역할을 하게 한다.

　또한 팀장은 적극적인 자세로 상위 리더의 방향을 지원하고 추진해야 한다. "배는 선장의 지시 없이 떠나지 않는다"는 말처럼, 상위 리더가 설정한 방향에 대한 신뢰와 이해는 팀장이 갖춰야 할 필수 요소이다. 하지만 맹목적인 복종이 아닌, 적극적인 참여와 전략적 제안을 통해 상위 리더의 의도를 잘 파악하고 이를 팀의 업무에 창의적으로 적용해야 한다. 그럼으로써 팀원들도 상위 리더의 전략을 이해하고 목표를 향해 적극적으로 참여할 수 있게 된다.

　팔로워십의 또 다른 핵심은 상위 리더에게 유용한 피드백을 제공하는 것이다. 팀장은 현장의 상황을 가장 잘 파악하고 있기 때문에 조직 내에서 발생하는 문제와 변화하는 요구 사항을 상위 리더에게 전달해야 한다. "마음의 눈을 감지 말라"는 속담처럼, 팀장은 투명하고 정확하게 팀과 조직의 상황을 상위 리더에게 보고하고 조직 성장에 도움이 되는 피드백을 제공할 수 있어야 한다.

팀장은 또한 상위 리더와 팀원 사이에서 균형을 유지해야 한다. 상위 리더의 전략을 존중하되 팀원들의 현실적인 제약과 어려움도 고려해야 한다. 상위 리더의 기대치와 팀원의 역량 사이에서 적절한 조정을 통해 양측이 협력할 수 있는 환경을 조성해야 한다. 이 과정에서 팀장은 '중용의 미덕'을 발휘하며 상위 리더와 팀원 모두에게 신뢰받는 중재자가 되어야 한다.

팔로워십의 중요성은 이를 발휘하는 방법을 통해 더욱 잘 드러난다. 리더로서 팀장의 역할은 비전을 제시하고 팀을 이끌어가는 것이지만, 팔로워로서의 팀장은 전체 조직의 목표를 이해하고 이를 팀의 목표로 통합하는 것이다. 마치 퍼즐 조각을 맞추듯이 상위 리더의 전략과 팀의 일상적인 업무를 하나의 그림으로 그려내는 것이 팀장의 중요한 과업이다.

결국, 팀장은 리더십과 팔로워십을 적절히 활용하여 조직의 비전과 전략을 효과적으로 실행하는 동시에 팀원들의 역량을 최대한 발휘할 수 있는 환경을 조성해야 한다. 리더십은 목표를 설정하고 이끌어가는 힘이지만, 팔로워십은 상위 리더와 팀원 모두를 조직의 목표를 향해 통합시키는 능력이다. 이 두 가지를 모두 갖춘 팀장은 상위 리더와 팀원 모두에게 신뢰받고 조직을 더 나은 방향으로 이끄는 주춧돌이 될 수 있다.

*

"훌륭한 리더는 목표를 설정하고, 그 목표에 도달하기 위해 팀원들을 동기부여하고 지원하는 사람이다."

– 사이먼 시넥Simon Sinek

팀원과의 소통
- 리더십 성공의 필수 요소

　　　　　팀을 이끌어 가는데 있어서 가장 중요한 것의 하나는 소통이다. 이것은 리더십의 핵심요소이기도 하다. 팀장으로서 팀원들과의 효과적인 소통은 조직의 성공을 위해 필수적인 요소이다. 이는 팀원들이 필요로 하는 지원과 정보를 제공하며 그들의 아이디어와 의견을 통합하는데 중요한 역할을 한다. 소통의 중요성을 이해하는 것부터 시작해야 하며, 이는 단순히 정보를 전달하는 행위를 넘어서, 의미 있는 대화를 통해 관계를 강화하고 팀원들의 참여와 동기를 높이는 과정이다.

　팀원들과의 소통을 시작할 때 가장 먼저 고려해야 할 것은 각 팀원의 소통 스타일과 선호도를 파악하는 것이다. 어떤 팀원들은 직접적인 대화를 선호하는 반면, 다른 팀원들은 이메일이나 메시지를 통한 소통을 더 편안해 할 수 있다. 신세대일수록 이런 경향이 뚜렷하다. 이러한 개별적 선호를 이해하고 존중함으로써 팀장은 각 팀원과의 효과적인 소통 채널을 구축할 수 있다.

또한 정기적인 일대일 미팅은 팀원들이 자신의 생각과 걱정을 자유롭게 표현할 수 있는 기회를 제공한다. 이런 미팅은 팀원들에게 개별적인 관심을 보여주는 동시에, 그들이 직면한 문제를 해결하거나 직무 성장을 지원할 수 있는 중요한 순간이 된다. 이를 통해 팀장은 팀원들의 업무 진행 상황뿐만 아니라 개인적인 발전도 지원할 수 있으며, 이는 팀원들의 만족도와 충성도를 높이는데 기여한다.

그러나 팀원들과의 소통은 단순히 개인적인 미팅에 그치지 않는다. 전체 팀 미팅을 통해 조직의 목표, 진행 중인 프로젝트의 상태, 그리고 중요한 변화들을 공유하는 것도 중요하다. 이런 미팅은 팀원들이 서로의 업무를 이해하고 협력을 강화하는 기회를 제공한다. 특히, 프로젝트의 진행 과정에서 발생할 수 있는 이슈를 사전에 공유하고 팀원들의 의견을 들음으로써 그들이 문제 해결 과정에 적극적으로 참여할 수 있도록 독려하는 것이 필요하다.

이러한 정기 미팅 외에도, 비공식적인 소통의 장을 마련하는 것이 팀 분위기를 향상시키는데 도움이 된다. 예를 들어, 팀 런치나 커피 브레이크 시간을 활용하여 팀원들과 더 가볍고 친근한 대화를 나누는 것이다. 이런 자리는 업무 외적인 대화를 통해 팀원들 사이의 관계를 강화하고, 서로에 대한 이해를 높이는 기회가 된다.

피드백 문화의 구축도 팀원들과의 소통에 있어 중요한 요소이다. 정기적으로 피드백을 주고받음으로써, 팀원들은 자신의 업무 수행에 대해 명확한 인식을 가지고 개선할 수 있는 방향을 찾을 수 있다. 피드백은 항상 구체적이고 건설적이며 개인의 성장을 지원하는 방향으로 제공되어야 한다. 이 과정에서 팀장은 자신의 의견 뿐만 아니라 팀원들의 의견도 존중하는 자세를 보여야 하며 이는 상호 존중의 문화를 조성하는데 기여한다.

마지막으로, 모든 소통은 투명성을 기반으로 이루어져야 한다. 팀장이 업무와 관련된 결정, 변경 사항, 또는 회사의 방향에 대해 투명하게 정보를 공유할 때, 팀원들은 더 높은 신뢰감을 가지고 업무에 임할 수 있다. 이는 또한 팀원들이 회사에 대한 충성심을 느끼게 하고, 장기적으로 조직의 목표 달성에 기여하게 한다.

이처럼, 팀장과 팀원들 사이의 효과적인 소통은 다양한 방법과 채널을 통해 이루어진다. 소통을 통해 팀은 더욱 긴밀하게 협력할 수 있고, 각 팀원은 자신의 역량을 최대한 발휘할 수 있는 환경에서 일할 수 있다. 이 모든 과정은 팀장의 세심한 관찰과 끊임없는 노력을 필요로 하며, 결과적으로 팀과 조직 전체의 성과로 이어진다.

• 소통은 이렇게

팀장으로서 효과적인 소통은 마치 오케스트라 지휘자가 각 악기와 선수들과 조화롭게 소통하여 아름다운 음악을 창조해내는 과정과 비슷하다. 각 팀원은 독특한 배경과 개성을 가지고 있으며, 이들과의 효과적인 소통은 팀의 성공을 위해 필수적이다. 여기에 팀장이 팀원들과 어떻게 소통해야 하는지에 대한 소통의 중요성과 방법을 알아보자.

1. 열린 마음으로 경청하기: 청취의 마법사

팀장이 되어서 가장 먼저 배워야 할 소통 기술은 바로 '경청'이다. 팀원들이 자신의 의견을 자유롭게 표현할 수 있는 환경을 조성해야 하기 때문이다. 이는 마치 마법사가 마법의 기술을 부리고 주문을 외우듯 팀장이 회의 시간을 정하고 각 팀원에게 발언 기회를 골고루 제공하는 것으로 시작할 수 있다.

팀원이 의견을 말할 때는 그 말에 집중하며 비판적이거나 방어적인 태도를 보이지 않도록 주의한다. 눈을 맞추고, 필요하다면 중요한 포인트를 메모하며 이해가 되지 않는 부분에 대해 질문을 던지는 것은 팀원이 소중히 여기는 사항이다. 예를 들어, 팀원이 프로젝트에 대한 우려를 표현할 때 "그 부분에 대해 더 자세히 설명해줄 수 있겠어?"라고 물어보면서 대화를 깊이 있게 이끌 수 있다.

2. 투명한 의사소통: 마술 거울

팀장은 모든 정보를 투명하게 공유하는 '마술 거울'과 같아야 한다. 팀원들이 프로젝트의 진행 상황, 변경 사항, 그리고 중요한 결정의 배경을 명확히 알고 있어야 팀 내에서 신뢰가 구축된다. 팀장은 정기적인 회의, 이메일, 또는 팀 커뮤니케이션 툴을 사용하여 필요한 모든 정보를 적시에 공유해야 한다.

예를 들어, 중요한 고객 피드백이나 상위 경영진의 결정이 프로젝트의 방향을 변경시킬 때, 팀장은 이를 즉시 팀원들과 공유하며 이 변경이 왜 일어났는지, 이로 인해 팀원들에게 어떤 영향이 있을지를 자세히 설명해야 한다. 마치 마술 거울이 진실만을 반영하듯 팀장의 소통도 항상 정직하고 명확해야 한다.

3. 적극적인 피드백: 반향의 주술

팀원들의 성장과 발전을 위해서는 적극적인 피드백이 필수적이다. 이는 마치 산에서 외친 소리가 반향처럼 돌아오는 것과 비슷하다. 팀장은 팀원들의 작업에 대해 정기적으로 구체적이고 건설적인 피드백을 제공해야 한다. 이 과정에서 피드백은 긍정적인 성과뿐 아니라 개선이 필요한 영역에 대해서도 포함되어야 한다.

예를 들어, 프레젠테이션을 마친 팀원에게 "당신이 사용한 데이터는 설득력이 있었어. 하지만 다음번에는 더 많은 시각적 요소를 추가해서 내용을 쉽게 전달할 수 있도록 해 보자"와 같은 방식으로 피드백을 제공한다. 이러한 피드백은 팀원이 자신의 성과를 인식하고 개선점을 찾는데 도움을 준다.

이처럼 팀장의 소통은 단순한 정보 전달을 넘어서 팀원들의 참여와 동기부여, 성장을 촉진하는 중요한 역할을 한다. 팀장이 효과적으로 소통하는 방법은 팀의 분위기를 결정짓고, 프로젝트의 성공으로 이어질 수 있는 기반이 된다.

경청 능력
- 경청의 중요성과 요령

       팀장의 경청 능력은 팀의 화합과 성과에 직접적인 영향을 미치며, 각 팀원의 참여와 만족도를 높이는 중요한 요소이다. 팀장의 경청 능력은 단순히 팀원들의 말을 듣는 것을 넘어서 그들의 의견과 생각을 진정으로 이해하고 수용하는 과정이다.

    이는 팀의 화합과 성과에 결정적인 영향을 미치며, 팀원들이 자신들의 생각과 아이디어를 가치 있게 여기고 직장에서 만족도를 느낄 수 있도록 만드는데 중요한 역할을 한다. 팀장이 팀원들의 의견을 적극적으로 경청할 때 팀원들은 더 많이 참여하고 창의적인 해결책을 제안할 가능성이 높아진다. 또한 팀원들이 존중받고 있다고 느끼게 함으로써 팀 내의 긍정적인 분위기를 조성할 수 있다.

    경청의 중요성은 팀원들이 자신의 의견이 중요하게 여겨진다고 느낄 때 더욱 명확해진다. 이런 환경에서 팀원들은 자신들의 아이디어를 공유하고 혁신적인 생각을 개진하는데 더욱 자신감을 가질 수 있다. 이는 곧 팀의 성과로 이어지며 팀원들의 개인적인 성장과 팀 전체의 발전에 기여한다. 팀장이 팀원의 말에 귀 기울이는 것은 단순히 말하는 것을 듣는 것이 아니라 그들의 말 속에 담긴 감정과 생각을 파악하고 이해하려는 노력이 필요하다.

경청하는 방법에는 여러 가지가 있으며 이는 팀장이 의도적으로 실천해야 한다. 첫 번째로, 팀원이 말하는 동안 팀장은 전적으로 그 말에 집중해야 한다. 이는 휴대폰이나 컴퓨터 화면으로부터 시선을 떼고, 팀원의 눈을 바라보면서 그들의 말에 귀 기울이는 것을 포함한다. 또한 팀원이 말을 마친 후에는 그들의 말을 요약하거나 질문을 통해 확인함으로써 그들의 의견을 정확히 이해하고자 하는 팀장의 태도를 보여줘야 한다.

두 번째로, 팀장은 팀원들의 의견을 적극적으로 환영하고 장려해야 한다. 이는 팀 미팅 중에 팀원들 각자에게 발언 기회를 고르게 제공하고 그들의 의견을 존중하는 모습을 보여줌으로써 이룰 수 있다. 팀원들이 자신의 의견이 실제로 팀의 결정이나 프로젝트에 반영되는 것을 보게 될 때 그들은 팀과 조직에 대한 소속감과 참여 의욕을 더욱 높이게 된다.

세 번째로, 비판적이거나 부정적인 피드백을 제공할 때는 특히 조심해야 한다. 팀원의 의견이나 제안에 동의하지 않더라도, 그들의 의견을 부정하는 대신 건설적인 방식으로 피드백을 제공해야 한다. 이는 팀원들이 실패를 두려워하지 않고 계속해서 참여하고 시도할 수 있는 안전한 환경을 조성하는데 중요하다.

네 번째로, 경청은 팀원들과의 비공식적인 소통에서도 중요하다. 팀장이 팀원들과의 일상적인 대화에서도 진정으로 관심을 가지고 경청한다면, 팀원들은 일과 관련된 문제뿐만 아니라 개인적인 문제에서도 팀장을 신뢰하고 의지할 수 있다. 이런 신뢰 관계는 팀의 긴밀함을 증진시키며 위기 상황에서 팀이 더욱 단합될 수 있는 기반을 마련한다.

이처럼 경청은 팀장이 팀원들과의 관계를 강화하고 팀 내 신뢰를 구축하며, 최종적으로는 팀의 성과를 극대화하는데 필수적인 요소이다. 팀장이 팀원들의 말을 진정으로 이해하고 수용할 때 팀원들은 더욱 적극적으로 참여하고 팀의 목표 달성을 위해 함께 협력하게 된다. 이 모든 과정은 팀장의 경청 능력에서 시작되며 이는 팀의 성공적인 운영을 위한 핵심적인 기술로 간주된다.

경청의 요령

팀장으로서 경청은 팀원들과의 신뢰를 구축하고, 효과적인 커뮤니케이션을 이끌어내는 핵심 요소다. 경청은 단순히 상대방의 말을 듣는 것 이상의 의미를 가지며, 상대방의 말에 진정으로 관심을 가지고 이해하려는 노력을 포함한다.

1. 적극적인 경청(Active Listening)
- 전체적인 주의 기울이기: 대화 중에는 팀원에게 전적인 주의를 기울일 것. 스마트폰이나 컴퓨터 사용을 자제하고, 눈을 마주치며 대화에 참여할 것.
- 반응 보이기: 끄덕이거나 "음", "그렇구나"와 같은 짧은 말로 상대방이 계속해서 말을 이어나갈 수 있도록 격려할 것.
- 요약하고 재진술하기: 대화 중에 중요한 포인트를 요약하거나 상대방의 말을 자신의 말로 다시 표현해 보여주어 이해했음을 확인할 것.

2. 비판적 경청(Critical Listening)
- 내용 분석하기: 팀원의 말을 들을 때는 단순한 사실뿐만 아니라 그들의 의도, 감정, 목적을 파악하려고 노력할 것.
- 문제 해결 중심으로 듣기: 문제를 해결하려는 관점에서 대화에 접근하면, 해결책을 제시하고 실행하는데 도움이 됨.

3. 감정적 경청(Empathetic Listening)
- 감정 이해하기: 팀원의 감정을 인식하고, 그 감정을 존중하는 태도를 보여줄 것. 이는 팀원이 자신이 이해받고 있다고 느끼게 함.
- 개인적인 관심 표현하기: 개인적인 관심을 표현하여 팀원이 자신

의 이야기를 솔직하게 나눌 수 있도록 만들어 줄 것.

4. 반응적 경청(Responsive Listening)
- 적절한 피드백 제공하기: 대화가 끝난 후에는 적절한 피드백을 제공하여 팀원이 의견이 존중받고 있다는 느낌을 가질 수 있도록 해줄 것.
- 질문을 통한 깊은 이해 촉진하기: 이해가 되지 않는 부분은 질문을 통해 명확히 하고 팀원의 생각을 더 깊이 탐색할 수 있도록 도와줄 것.

팀장으로서 경청하는 것은 단순히 팀원들의 말을 듣는 것 이상으로, 그들의 의견을 존중하고 그들이 가치 있게 느끼도록 만드는 과정이다. 이런 방식으로 경청하면 팀원들은 더욱 개방적이고 협력적인 태도로 일할 것이다.

대화술
- 잘 듣고 질문하기

소통의 주된 무기는 대화다. 따라서 팀장은 대화의 기술을 익혀야 한다. 같은 말이라도 아 다르고 어 다르기 때문이다. 팀장으로서 팀원을 이끌고 상사나 동료와 잘 지내기 위해서는 대화를 잘해야 하는 것이다.

팀장으로서의 대화술은 단순히 정보를 전달하는 것을 넘어서 감정을 조절하고 관계를 구축하며 목표를 달성하는데 필수적인 도구이다. 효과적인 대화술을 갖춘 팀장은 팀원, 상사, 그리고 동료들과의 원활한 관계를 유지할 수 있으며 이는 궁극적으로 조직의 성공으로 이어진다.

팀장의 대화술에서 중요한 것 중 하나는 앞에서 다룬 경청이다. 효과적인 리더는 말하는 것만큼 잘 듣는 사람이다. 팀장의 조건을 다룸에 있어서 '경청'은 여러 곳에서 등장한다. 리더십에도 등장하고 소통에도 등장하며 대화술에도 등장한다. 앞으로도 더 다룰 것이다. 그만큼 잘 듣는다는 것은 팀장의 역할이기도 하다.

경청은 상대방이 말하는 내용을 이해하려고 진심으로 노력하는 것을 의미하며, 이는 대화 상대가 자신의 의견이 존중받고 있다고 느끼게 해준다. 팀원이나 동료가 말할 때 그들의 말을 끊지 않고 끝까지 듣고, 그들의 의견이나 감정을 반영하여 응답하는 것은 당연하다. 이렇게 함으로써 팀원들은 더 열린 자세로 자신의 생각과 아이디어를 공유하게 된다.

대화에서는 질문하는 기술도 매우 중요하다. 대화의 고수는 장황한 설명을 하기보다 질문으로 대화를 이끌어 가는데 능숙하다. 올바른 질문은 대화를 깊이 있게 만들고 상대방으로 하여금 더 많은 생각을 하도록 유도한다.

질문은 단순한 "예"나 "아니오"로 대답할 수 있는 '폐쇄형 질문'보다는, "어떻게 생각해?" 또는 "이 문제를 어떻게 해결할 수 있다고 보나요?"와 같이 생각을 확장시키는 '개방형 질문'을 사용하는 것이 좋다. 이런 질문들은 팀원들로 하여금 더 창의적으로 생각하고, 문제에 대한 해결책을 제안하도록 돕는다.

또한 팀장으로서 자신의 의사를 분명하게 표현하는 것도 필요하다. 명확하고 간결한 커뮤니케이션은 오해를 줄이고 팀원들이 기대하는 바를 정확히 이해하도록 돕는다. 어떤 지시나 요청을 할 때는 분명한 언어를 사용하고, 필요하다면 중요한 포인트를 반복하여 강조하는 것이 좋다. 이를 통해 팀원들은 자신이 해야 할 일을 정확히 알고, 해당 업무를 효과적으로 수행할 수 있다.

팀장의 대화술에서 간과하기 쉬운 부분 중 하나는 감정의 표현이다. 감정을 적절히 표현하는 것은 인간적인 면모를 보여주고, 신뢰와 동정심을 구축하는데 도움이 된다. 팀원이나 동료가 개인적인 문제나 업무상의 어려움을 겪고 있을 때, 공감을 표현하고 지지를 보내는 것이 중요하다. 이러한 감정의 공유는 팀 내에서 긍정적인 관계를 유지하고, 팀원들이 서로를 더 신뢰하게 만드는 기반을 마련한다.

팀장이 대화 중에 유머를 적절히 사용하는 것도 분위기를 완화하고, 스트레스를 줄이는데 도움이 될 수 있다. 유머는 대화를 더 즐겁고 편안하게 만들며, 팀원들이 더 개방적이고 창의적인 태도를 갖도록 유도한다. 물론, 유머를 사용할 때는 상황을 고려하고 모든 사람이 즐길 수 있는 범위 내에서 사용해야 한다.

이 모든 대화 기술을 통합하여 사용하면 팀장은 팀원들과의 관계뿐만 아니라 상사나 다른 동료들과의 관계에서도 긍정적인 결과를 이끌어낼 수 있다. 대화는 단순히 말을 주고받는 것이 아니라 의미 있는 관계를 구축하고 유지하는 과정이다. 팀장으로서 이러한 대화술을 효과적으로 사용하면 조직 내에서 리더십을 발휘하고, 팀의 동기를 부여하며, 모든 구성원이 함께 성장하고 발전하는데 기여할 수 있다. 이러한 대화술은 팀장이 자신의 역할을 성공적으로 수행하는데 필수적인 요소이다.

질문은 이렇게

팀장으로서 팀원들과의 소통을 효과적으로 진행하기 위해 다양한 질
문 기법을 활용할 수 있다. 질문의 종류와 방법을 잘 선택하면 팀원들
의 참여를 촉진하고, 더 깊은 통찰과 정보를 얻을 수 있다.

1. 폐쇄형 질문(Closed-ended Questions)
   폐쇄형 질문은 간단하고 명확한 대답을 얻기 위해 사용된다. 이는
   의사결정이 필요할 때나 빠른 피드백을 요구할 때 유용하다.
   "이번 주 프로젝트 마감일을 지킬 수 있겠습니까?"
   "오늘 회의에서 논의할 주제들을 모두 검토했나요?"
   "제안서의 최종본을 승인해도 문제가 없겠소?"

2. 개방형 질문(Open-ended Questions)
   개방형 질문은 팀원들로 하여금 자신의 생각과 의견을 자유롭게
   표현하도록 유도한다. 이는 창의적인 아이디어를 촉진하고, 문제
   해결 과정에서 깊이 있는 대화를 이끌어내는데 효과적이다.
   "이 프로젝트를 진행하면서 겪고 있는 어려움은 무엇인가요?"
   "다음 프로젝트에서 우리 팀이 개선할 수 있는 부분은 무엇이라고
   생각하나요?"
   "최근 팀 회의에서 논의된 사항 중 개선이 필요한 점은 무엇이었나
   요?"

3. 탐색적 질문(Exploratory Questions)
   탐색적 질문은 팀원들의 생각을 깊이 탐구하고 그들이 가지고 있
   는 아이디어나 가능성을 탐색할 때 사용된다. 이는 보다 심층적인

이해를 돕고 창의적인 해결책을 발굴하는데 도움을 준다.
"이 문제에 접근할 때 고려해야 할 다른 방법이 있을까요?"
"다양한 관점에서 볼 때, 우리 팀이 놓치고 있는 것은 무엇이라고 생각하나요?"

4. 반영적 질문(Reflective Questions)

반영적 질문은 팀원들이 스스로의 경험과 행동을 돌아보게 하여 자기 인식을 높이고 학습을 촉진한다. 이는 팀원 개개인의 성장에 기여하며 팀 전체의 발전을 지원한다.
"이번 프로젝트에서 배운 점은 무엇이었나요?"
"앞으로의 프로젝트에 어떻게 적용할 수 있을까요?"

질문은 강력한 도구로써 적절히 활용한다면 팀원들의 참여와 동기를 높이고 팀의 성과를 극대화할 수 있다. 각 상황에 맞는 질문 유형을 선택하여 활용하면 된다.

신세대와의 소통
- 세대적 특성을 이해하기

팀원의 상당수는 신세대일 것이다. 당신 자신도 MZ세대일 것이나 일단 팀장이 되고 나면 팀원의 입장에서는 꼰대적 기질을 발휘하는 것으로 느껴진다. 따라서 소통에 장애가 발생한다. 젊은 신세대와의 소통은 기존 세대와 확연히 다르다. 성장배경이 다르기에 사고방식이나 근무양태 또한 다를 수밖에 없다. 따라서 유능한 팀장이라면 젊은 세대와의 소통에 자신 있어야 한다.

팀장으로서 신세대 팀원들과의 소통은 매우 중요하다. 현대 조직에서는 다양한 세대가 함께 일하고 있으며, 특히 젊은 신세대는 팀의 핵심 구성원으로 자리 잡고 있다. 이들은 새로운 관점과 기술을 조직에 가져다주지만, 그들의 가치관과 기대가 이전 세대와 다를 수 있기 때문에 효과적인 소통이 필요하다. 이러한 소통은 조직의 성과와 팀의 화합에 큰 영향을 미친다.

젊은 신세대와의 소통이 중요한 이유 중 하나는 이들이 팀의 혁신과 성장에 큰 역할을 하기 때문이다. 신세대는 새로운 기술과 트렌드를 빠르게 습득하고 창의적이고 혁신적인 아이디어를 제시하는 경향이 있다. 이들의 의견을 수용하고 소통을 강화하는 것은 팀이 변화하는 시장에 대응하고 경쟁력을 유지하는데 도움이 된다. 일론 머스크는 "젊은 세대의 아이디어는 혁신의 원천이다"라고 말했는데, 이는 신세대의 기여가 조직의 성공에 중요함을 나타낸다.

신세대와의 소통은 팀의 화합을 유지하는데도 필수적이다. 세대 간의 가치관과 소통 방식의 차이로 인해 오해와 갈등이 발생할 수 있다. 팀장은 이러한 차이를 이해하고 세대 간의 소통을 촉진하는 역할을 해야 한다. 이를 통해 팀은 다양한 관점을 통합하고, 협업을 강화하여 목표를 달성할 수 있다. 스티븐 코비는 "화합은 팀의 힘이다"라고 했다. 이는 팀의 화합이 성과에 중요한 영향을 미친다는 것을 강조한 것이다.

신세대와 소통할 때 팀장은 유연한 소통 방식을 채택해야 한다. 신세대는 다양한 소통 채널과 도구를 활용하는 경향이 있다. 팀장은 이러한 경향을 이해하고, 신세대가 선호하는 소통 방식을 수용하는 것이 필요하다. 그래야만이 팀원들은 자신의 의견을 자유롭게 표현하고, 조직의 목표에 기여할 수 있다. 빌 게이츠는 "유연성은 소통의 열쇠다"라고 말했다. 이는 유연한 소통 방식이 상호 이해와 협업을 촉진하는데 도움이 됨을 나타낸다.

또한 팀장은 신세대의 가치관과 기대를 이해하고 존중해야 한다. 신세대는 일과 삶의 균형을 중시하고, 개인의 성장과 발전을 중요하게 여긴다. 팀장은 이러한 가치관을 이해하고 팀원들이 조직에서 성장할 수 있도록 지원해야 한다. 이를 통해 팀원들은 조직에 대한 충성심을 가지게 되고 더 열심히 일하게 된다. 존 맥스웰은 "존중은 신뢰의 토대다"라고 말했다. 이는 팀원이 존중받고 있다는 느낌이 신뢰 관계를 구축하는데 중요하다는 것을 강조한다.

신세대와의 소통에서는 팀장의 투명성도 중요하다. 신세대는 조직의 목표와 방향에 대한 명확한 이해를 원하며, 팀장의 의사 결정 과정에 참여하고 싶어 한다. 팀장은 투명한 의사소통을 통해 팀원들의 의견을 경청하고, 그들의 피드백을 반영하는 노력을 보여야 한다. 그럼으로써 팀원들은 조직에 더 큰 기여를 할 수 있게 되고 조직의 목표를 향해 일할 수 있다. 워렌 버핏은 "투명성은 조직의 성공을 위한 열쇠다"라고 말했다. 이는 투명한 소통이 조직의 성공에 중요하다는 것을 나타낸다.

팀장은 신세대와의 소통에서 열린 커뮤니케이션을 유지하여야 한다. 열린 커뮤니케이션은 팀원들이 자유롭게 의견을 나누고 다양한 관점을 통합할 수 있는 환경을 조성한다. 이를 통해 팀은 창의적인 해결책을 찾고 더 효과적으로 문제를 해결할 수 있다. 오프라 윈프리는 "열린 커뮤니케이션은 혁신의 토대다"라고 했다. 이는 열린 커뮤니케이션이 창의성과 혁신을 촉진하는데 도움이 된다는 것을 강조한 것이다.

결론적으로, 팀장은 신세대 팀원들과의 소통에 적극 나서야 한다. 신세대는 팀의 혁신과 성장에 큰 역할을 한다는 것을 깊이 이해하고 그들과의 명쾌한 소통을 통해 팀의 화합을 유지함과 동시에 조직이 목표하는 바를 보다 쉽게 달성하도록 해야 한다.

젊은 신세대와 소통하는 방법

팀장으로서 젊은 신세대와 소통하기 위해서는 그들의 문화와 선호하는 소통 방식에 대해 잘 이해해야 한다. 여기에 몇 가지 구체적인 방법들을 소개한다.

1. 디지털 도구 활용하기: 신세대는 디지털 네이티브이다. 다양한 채팅 도구를 활용하여 실시간으로 의사소통을 하라. 이런 도구들은 신속한 피드백을 가능하게 하고 비공식적인 대화도 허용하여 팀 내의 친밀감을 높일 수 있다.

2. 플랫폼을 다양화하기: 신세대는 다양한 소셜 미디어 플랫폼에서 활동한다. 예를 들어, 팀의 업데이트를 인스타그램 스토리나 TikTok 동영상으로 만들어 공유하는 것도 한 방법이다. 이렇게 하면 정보 전달이 더 재미있고 참여적이 될 수 있다.

3. 간단하고 명확하게 소통하기: 긴 이메일이나 복잡한 지시사항은

피하고 직접적이고 간결한 메시지를 선호하라. 포인트를 명확히 하고 필요한 정보만을 전달하면 훨씬 효과적으로 소통할 수 있다.

4. 멘토링과 코칭에 집중하기: 신세대는 개인적인 성장과 개발을 중시한다. 일대일 멘토링 세션을 정기적으로 가지고 그들의 경력 목표에 대해 이야기하며 지원하라. 이는 또한 신뢰를 구축하고 개인적인 관계를 강화하는 좋은 방법이다.

5. 유연성을 보여주기: 업무 시간과 장소에 대한 유연성을 제공하면 신세대 직원들의 만족도와 생산성을 높일 수 있다. 원격 근무나 유연 근무 시간을 허용하면 그들의 라이프스타일과 더 잘 맞을 수 있다.

6. 함께 즐기는 시간 만들기: 팀 빌딩 활동이나 회식 같은 사회적인 활동을 통해 신세대 직원들과 더 친밀해질 수 있다. 카페에서의 캐주얼한 미팅, 팀 런치, 아웃도어 활동 등을 통해 팀워크를 강화하자.

7. 피드백 문화 조성하기: 신속하고 정기적인 피드백을 통해 신세대 직원들이 어떤 점을 잘하고 있고, 어떤 점을 개선해야 할지 알 수 있도록 도와주자. 공개적인 칭찬과 개인적인 개선점 피드백을 적절히 조화롭게 제공할 것.

이런 방법들을 통해 신세대 직원들과의 소통과 관계 개선에 도움이 될 것이다. 기억하라, 그들의 관점을 이해하려는 진정성 있는 노력이 가장 중요하다는 것을.

'답정녀' 팀장
-"우리팀장은 말이 안 통해"

팀원 중에는 "우리 팀장은 말이 안 통해 답답하다"고 하는 경우가 적지 않다. 또는 '답정녀 (답은 정해져 있고 너는 대답만 하면 돼)'라는 비아냥이 넘쳐난다. 팀장과 의사소통이 잘 되지 않아서 생기는 답답함은 자주 발생하는 문제 중 하나다. 이러한 현상이 생기는 주된 이유와 이를 해결하기 위한 방법은 무엇일까?

첫째, 의사소통의 방식이 일방통행적일 때 이런 문제가 자주 발생한다. 많은 관리자들이 자신의 경험과 지식을 바탕으로 빠른 결정을 내리고 팀원들에게 지시하는 경향이 있다. 이런 상황에서 팀장은 이미 결론을 내린 상태에서 팀원들에게 의견을 묻는 경우가 많은데, 실질적으로 팀원들의 의견을 수렴하기보다는 자신의 결정을 정당화하려는 목적으로 이를 사용할 때가 많다. 팀원들은 자신의 의견이 반영되지 않는다고 느껴 소통에 있어서 불만을 품게 되고, 결국 의사소통이 단절되어 '답정너'라는 표현으로 그 불만을 표출하게 된다.

둘째, 팀장의 리더십 스타일이 원인일 수 있다. 지시적 리더십이나 권위적인 태도는 팀원들이 자율성을 느끼지 못하게 하며 창의적인 생각을 억제할 수 있다. 팀원들이 자신의 의견을 자유롭게 표현하지 못하고 항상 상위의 결정에 따라야 한다고 느낄 때, 그들은 팀장과의 의사소통이 힘들고 답답하다고 느낄 수 있다.

셋째, 조직 내 의사결정 구조가 불투명하거나 팀 내부의 목소리가 충분히 반영되지 않는 경우도 있다. 의사결정 과정에서 투명성이 결여되면 팀원들은 자신들이 중요한 정보에서 배제되고 있다고 느낄 수 있으며, 이는 불신과 의사소통 문제로 이어질 수 있다.

이러한 문제들을 해결하기 위한 몇 가지 방법은 다음과 같다.

1. 명확한 목표 설정: 팀 내에서 명확한 목표와 방향성을 제시하는 것은 팀원들이 팀장의 의도를 이해하는데 필수적이다. 목표 설정 시에는 전체적인 비전뿐만 아니라 각 단계에서 달성해야 할 세부적인 목표를 구체적으로 설명해야 한다. 이를 통해 팀원들이 각자의 역할을 명확하게 이해할 수 있으며, 불필요한 혼란을 줄일 수 있다.

2. 개방적인 의사소통 촉진: 팀장은 모든 팀원들이 자유롭게 의

견을 표현할 수 있는 분위기를 조성해야 한다. 정기적인 미팅에서 팀원들에게 의견을 개진할 기회를 제공하고, 그 의견을 실제 의사 결정 과정에 반영하여 팀원들이 가치 있다고 느낄 수 있도록 해야 한다.

3. 비판적 사고 촉진: 팀원들에게 주어진 문제에 대해 다양한 해결책을 제시하도록 장려하고 그 과정에서 나오는 다양한 아이디어를 평가하는 시간을 갖는다. 이는 팀원들의 창의적 사고를 촉진하고, 팀장 또한 팀원들의 아이디어에서 새로운 시각을 얻을 수 있다.

4. 민주적 리더십 실천: 팀장이 모든 결정을 독단적으로 내리기보다는 팀원들과의 협의를 통해 결정을 내리는 민주적 리더십을 실천해야 한다. 이는 팀원들에게 자율성과 책임감을 부여하고, 그들이 조직 내에서 더 큰 역할을 수행하도록 돕는다.

5. 피드백 시스템 구축: 효과적인 피드백은 소통의 질을 향상시키는 중요한 요소다. 팀장이 팀원들에게 피드백을 제공할 때는 비판보다는 개선 방향에 초점을 맞추고, 긍정적인 측면을 강조하며 구체적인 예시를 들어 설명하는 것이 좋다. 또한 팀장이 자신의 업무나 행동에 대한 피드백을 요청함으로써 팀원들과 함께 성장할 수 있는 열린 자세를 보여주는 것이 중요한다.

6. 참여 기회 제공: 중요한 의사결정이나 프로젝트 계획 수립 시 팀원들의 참여를 장려하여 그들이 자신의 생각을 표현하고 결정 과정에 기여할 수 있도록 한다. 이는 팀원들에게 팀의 성과에 대한 책임감을 심어주고, 자신들의 노력이 팀에 영향을 미친다는 인식을 주어 더 큰 동기 부여로 이어질 수 있다.

7. 개별적 접근: 팀장은 팀원들의 개별적인 필요와 동기를 이해하는 노력을 기울여야 한다. 팀원마다 다른 성격, 능력, 가치관을 가지고 있기 때문에 그에 맞는 동기 부여 방식이 필요하다. 팀원과 일대일로 소통하며 그들의 목표, 도전 과제, 개인적 성장에 관심을 기울이면 팀원들은 자신이 존중받고 있다고 느끼고 팀장의 지시에 진지하게 귀를 기울일 것이다.

8. 투명한 의사소통: 팀장은 자신의 의도를 투명하고 명확하게 전달해야 한다. 때로는 복잡한 내용을 전달해야 할 때도 있지만, 팀원들이 쉽게 이해할 수 있도록 간단한 언어로 설명하는 것이 중요한다. 또한 비언어적 요소를 활용하거나 팀원들의 질문에 답변하는 기회를 제공하여 메시지가 명확하게 전달되도록 노력해야 한다.

9. 상호 존중 문화 조성: 팀 내에 상호 존중하는 문화가 형성되면 팀원들은 자유롭게 생각을 표현할 수 있다. 서로의 의견이나

가치를 존중하고 격려하는 분위기를 조성하면, 팀원들은 팀장의 지시에 대한 반감 없이 자연스럽게 소통에 참여할 수 있다. 이러한 문화는 팀원들 간의 협업을 촉진하고, 서로를 이해하고 신뢰하는 기반이 된다.

이러한 방법들을 통해 의사소통의 장애를 줄이고, 팀 내부의 신뢰와 협력을 증진시킬 수 있다.

*

"진정한 리더는 성공이 아니라 팀의 필요에 집중한다. 성공은 자연스럽게 따라온다."
— 마이클 조던Michael Jordan

회의를 잘하는 능력
– 회의를 느끼지 않는 회의

　　　　팀장이 되면 팀원들과 업무관련 회의를 하는 경우가 많은데 이에 대한 불만이 적지 않다. 회의를 능률적으로 진행하는 것도 팀장의 능력인데 팀장으로서 회의를 잘 진행하여 생산적인 회의가 될 수 있는 방법, 회의와 관련하여 마음에 새겨둬야 할 사항을 다뤄보자.

　회의는 비즈니스 세계에서 필수적이지만 종종 비효율적으로 여겨지는 활동 중 하나이다. 회의의 목적이 분명하지 않거나 참석자들이 능동적으로 참여하지 않는 경우, 시간 낭비라는 인식이 생길 수 있다. 팀장으로서 회의를 생산적으로 만들기 위해 몇 가지 핵심 요소를 고려해야 한다.

첫째, 회의의 목적과 목표를 명확히 하는 것이 시작이다. 회의를 소집하기 전에 그 목적이 무엇인지, 회의에서 무엇을 결정하거나 해결하고자 하는지를 명확히 해야 한다. 이 정보는 모든 참석자에게 미리 전달되어야 하며 이를 통해 참석자들이 회의 준비를 더 잘할 수 있도록 돕는다. 준비 단계에서는 관련 자료나 문서를 미리 배포하여 참석자들이 배경 정보를 숙지하고, 필요한 경우 사전에 질문을 준비할 수 있도록 한다.

둘째, 회의의 구조도 중요하다. 시작 시간과 종료 시간을 엄격하게 지키는 것이 중요하며, 가능한 한 회의 시간을 짧게 유지하여 참석자들의 집중력을 높이다. 일반적으로 짧고 목적이 명확한 회의가 더 효과적이다. 회의 진행 방식에 있어서는 각 항목에 대해 충분히 토론하되 불필요한 잡담은 최소화하는 것이 좋다. 이를 위해, 회의의 안건을 미리 정리하고 각 안건에 할당된 시간을 설정하며, 필요한 경우 타이머를 사용하여 시간 관리를 할 수도 있다.

셋째, 참여를 유도하는 것은 회의를 생산적으로 만드는 또 다른 중요한 요소이다. 모든 참석자가 의견을 낼 수 있도록 격려하며, 특히 조용한 팀원들도 의견을 공유할 수 있도록 배려해야 한다. 이는 다양한 관점을 수렴하고, 팀원들이 회의에 대해 더 많은 소속감과 책임감을 느끼게 만든다. 또한 회의 중 발생할 수 있는 모든 의견을 존중하며 토론이 한쪽으로 치우치지 않도록 중재자 역할을 해야 한다.

넷째, 회의 후에는 항상 요약 메모를 작성하여 참석자들에게 배포한다. 이 메모에는 결정된 사항, 향후 단계, 각 팀원의 할당된 업무 등을 명확히 기록해야 한다. 이렇게 함으로써 회의에서 논의된 내용을 구체적인 행동 계획으로 전환할 수 있으며 참석자들이 무엇을 해야 할지 정확히 알 수 있도록 돕는다.

마지막으로, 회의의 효과를 지속적으로 평가하고 개선하는 것이 필요하다. 주기적으로 회의의 효율성을 검토하고, 참석자들로부터 피드백을 받아 어떤 점이 잘 작동하는지, 무엇이 개선되어야 하는지를 파악한다. 이러한 지속적인 개선 과정을 통해, 회의를 더욱 생산적이고 효과적으로 만들 수 있다.

이 모든 접근 방식을 통해, 팀장으로서 팀원들과의 회의를 한층 더 생산적이고 의미 있는 시간으로 만들 수 있다. 회의를 단순한 절차적인 활동이 아닌, 팀의 목표를 달성하고 각 구성원의 참여를 촉진하는 중요한 도구로 활용하면, 팀 전체의 성과와 만족도를 높일 수 있다. 이는 결국 조직 전체의 성공으로 이어지는 길이 된다.

마법의 회의 레시피

회의가 많다는 불만을 해결하는 키워드는 바로 '생산성'이다. 팀장으로서 회의를 효율적이고 생산적으로 만드는 것은 조직에서 매우 중요한 역할이다. 이를 위해 '마법의 회의 레시피'라고 할 수 있는 몇 가지 핵심 요소를 살펴보겠다.

1. 목표 설정: '목적 없는 회의는 없다.'
   모든 회의는 분명한 목적이 있어야 한다. 회의를 시작하기 전에는 회의의 목적과 목표를 명확히 정리해야 한다. 예를 들어, "이번 회의의 목표는 다음 프로젝트의 일정을 확정하는 것이다"라고 설정할 수 있다. 목적이 명확할 때 회의가 산으로 가는 것을 막고 모든 참석자가 같은 방향을 향해 나아갈 수 있다.

2. 준비의 중요성: '계획 없는 회의는 곧 실패의 준비'
   회의를 효율적으로 진행하기 위해서는 사전 준비가 필수적이다. 회의에 필요한 자료, 데이터, 그리고 토의할 문제들을 미리 준비하여 참석자들에게 제공하라. 이렇게 하면 참석자들이 회의에 더 적극적으로 참여하고, 필요한 토론을 할 수 있다.

3. 시간 관리: '시간은 금이다, 낭비하지 마라.'
   회의의 시작과 종료 시간을 명확히 하고, 그 시간을 엄격하게 지켜야 한다. 이는 참석자들에게 회의가 길어지지 않을 것이라는 신뢰를 준다. 각 안건에 할당된 시간을 정하고, 이를 준수해야 한다. 시간이 부족하면, 중요한 결정이 미뤄지지 않도록 다음 회의로 넘기는 등의 조치를 취해야 한다.

4. 참여 유도: '모두의 목소리는 소중하다.'
회의에서 모든 참석자가 의견을 낼 수 있도록 격려해야 한다. 때로
는 조용한 팀원도 중요한 아이디어를 가지고 있을 수 있다. 이들의
의견을 듣기 위해 질문을 하거나, 의견을 요청하는 등의 방법을 사
용할 수 있다. 또한 팀원들이 자유롭게 의견을 나눌 수 있는 분위기
를 조성할 필요가 있다.

5. 실행 계획: '회의 후에는 행동이 따라야 한다.'
회의가 끝난 후에는 결정된 사항들에 대한 실행 계획을 수립해야
한다. 누가 무엇을 언제까지 할지 구체적인 액션 플랜을 만들고, 이
를 모든 참석자에게 공유하라. 이는 회의에서 나온 결정들이 실제
로 행동으로 옮겨지게 하는 중요한 단계이다.

6. 피드백: '완벽한 회의는 없다, 계속해서 개선하라.'
회의가 끝난 후 참석자들로부터 피드백을 받을 것. 회의의 어떤 점
이 잘 되었고, 무엇이 개선되어야 할지를 파악해야 한다. 이 피드백
을 바탕으로 다음 회의를 더욱 효과적으로 만들 수 있다.

이러한 '마법의 회의 레시피'를 따라 회의를 준비하고 진행한다면 회
의에 대한 불만을 줄이고 회의의 생산성을 높일 수 있다. 생산적인 회
의는 팀의 성과를 높이는 데 크게 기여할 것이다.

비전제시
- 큰 그림 그리기

        팀장이 팀의 목표와 방향성을 설정하고 비전을 제시하는 것은 조직의 성공에 핵심적인 요소로 작용한다. 비전은 단순히 추상적인 꿈이 아니라 조직의 미래를 향한 구체적인 로드맵이 되기도 하며, 팀원들의 동기부여와 집중을 이끌어내는 강력한 도구이다.

  비전은 조직이나 팀의 미래 모습을 그려내는 것으로 팀원들에게 그들이 나아갈 방향을 보여준다. 이는 조직의 목적과 가치를 나타내는 중요한 요소로 팀원들이 자신의 역할을 이해하고 목표를 향해 함께 움직이도록 돕는다. 비전에 대한 이해와 실행은 조직의 성공을 좌우하는 중요한 역할을 하며 팀장이 이끌어야 할 핵심 영역이다. 인텔의 CEO였던 앤디 그로브는 "비전은 팀의 목적과 방향을 제시하고, 팀원들이 그 방향으로 나아가도록 동기를 부여하는 것이다"라고 말했다. 이는 팀장이 명확한 비전을 제시함으로써 팀원들이 공통의 목적을 위해 협력하도록 해야 한다는 것을 강조한 것이다.

비전은 팀의 방향성을 제시하는데 핵심적이다. 방향성이 없는 팀은 목표를 달성하는데 어려움을 겪을 수 있으며, 팀원들은 혼란을 느낄 수 있다. 이에 대해 프랭클린 루즈벨트 대통령은 "방향이 없는 것은 목적지가 없는 것과 같다"라고 말했다. 이는 팀장이 명확한 방향을 제시해야만 팀원들이 목표를 향해 효과적으로 나아갈 수 있다는 것을 의미한다. 팀장은 팀의 목표와 방향을 설정하고 이를 팀원들과 공유함으로써 팀이 하나로 뭉치도록 도와야 한다.

비전은 또한 팀원들의 동기부여를 위해 필수적이다. 비전은 단순한 목표 이상의 것으로 팀원들에게 미래에 대한 기대와 영감을 줄 수 있다. 윈스턴 처칠은 "위대한 비전은 사람들에게 동기를 부여하고 그들이 자신의 잠재력을 발휘하도록 이끈다"고 했다. 팀장은 비전을 통해 팀원들이 자신의 역할을 더 가치 있게 느끼도록 도와주며, 이를 통해 더 높은 성과를 이끌어낼 수 있다. 이러한 동기부여는 팀의 성과를 높이고, 조직의 성공에 기여한다.

비전 설정의 요령으로는 먼저 명확한 목표를 설정하는 것이다. 목표가 명확하지 않으면 팀원들은 혼란을 겪고 개인적인 방향으로 에너지를 분산시킬 수 있다. 또한 팀장이 제시하는 비전은 현실적이어야 한다. 지나치게 이상적이거나 불가능한 목표는 오히려 팀원들에게 좌절을 줄 수 있다. 이에 대해 헨리 포드는 "실현 가능한 비전은 팀을 하나로 뭉치게 하고, 성공을 위한 동기를 부여한다"고 말했다. 팀장은 팀원들의 역량을 최대한 이끌어내기 위해 도전적인 목표를 제시해야 한다.

또한 팀장은 비전을 제시할 때 팀원들과 적극적으로 소통해야 한다. 팀원들이 비전을 이해하고 수용하는 것이 중요하기 때문이다. 이를 위해 팀장은 팀원들의 의견을 경청하고, 그들의 피드백을 수렴하는 능력을 가져야 한다. 유명한 리더십 전문가 존 맥스웰은 "훌륭한 리더는 듣는 사람이며, 그들의 비전을 공유하는 사람이다"라고 말했다. 이는 팀장이 팀원들과의 소통을 통해 비전을 공유하고, 그들의 참여를 이끌어내는 것이 중요하다는 것을 시사한다.

비전 설정의 또 다른 요령은 팀원들과의 소통이다. 팀원들이 비전을 이해하고 수용하도록 하기 위해서는 팀장이 그들과 적극적으로 소통해야 한다. 이는 팀의 목표와 방향에 대한 팀원들의 이해도를 높일 뿐만 아니라, 그들의 의견을 수렴하여 비전을 현실적인 방향으로 조정하는데에도 도움이 된다. 존 맥스웰은 "훌륭한 리더는 듣는 사람이며, 그들의 비전을 공유하는 사람"이라고 했다. 팀장은 팀원들과의 소통을 통해 비전을 공유하고, 그들의 참여를 이끌어내야 한다.

팀장은 비전을 제시한 후 그에 따라 행동해야 한다. 말로만 비전을 제시하는 것은 효과적이지 않으며, 팀원들은 팀장의 행동을 통해 비전이 실제로 어떻게 구현되는지를 보고 배우게 된다. 알버트 슈바이처는 "행동이 말보다 더 강력한 비전을 보여준다"고 말했다. 이는 팀장이 자신의 행동을 통해 비전을 실현하는 모습을 보여줄 때, 팀원들이 그 비전을 더욱 신뢰하고 따를 수 있다는 것을 강조한다.

마지막으로, 팀장은 자신의 비전을 지속적으로 조정하고 개선해야 한다. 조직 환경과 시장 상황은 지속적으로 변하기 때문에 비전 또한 상황에 맞게 조정될 필요가 있다. 이를 위해 팀장은 새로운 정보를 수집하고 분석하며 이에 따라 비전을 조정하는 능력을 길러야 한다. 잭 웰치는 "변화는 피할 수 없지만, 성장하는 것은 선택이다"라고 했다. 이는 팀장이 변화에 대응하면서도 지속적으로 성장하기 위해 비전을 조정하고 개선해야 한다는 점을 시사한다.

이와 같은 일련의 요령과 통찰은 팀장의 비전 제시와 관련하여 핵심적인 역할을 한다. 이를 통해 팀장은 조직의 미래를 향해 나아가는데 필요한 방향과 동기를 제공할 수 있으며, 조직의 성공에 기여할 수 있다.

*

"팀워크는 일상적인 작은 일에서 큰 성공까지 모든 것을 이룰 수 있는 주요 요소이다."
— 앤드류 카네기Andrew Carnegie

실패하는 팀장
– 그 원인과 유형

        팀장이 되면 누구나 성공한 팀장이 되기를 갈망한다. 세상에 실패하기를 바라는 팀장이 어디 있으랴. 그러나 자기 딴에는 애쓰고 노력했음에도 불구하고 현실에서 실패하는 팀장이 있다. 아니 많다. 어쩌면 성공한 팀장 이상으로 실패한 팀장이 많을지도 모른다. 단지 알게 모르게 그냥 넘어갈 것이요 성공한 것도 그렇다고 실패한 것도 아닌 유야무야의 팀장도 많을 것이다(사실 유야무야한 팀장은 실패한 것에 다름 아니다).

팀장으로서 실패하는 것은 아이러니하게도 그만큼 성공할 기회가 많다는 것을 의미하기도 한다. 그러나 모든 팀장이 성공적인 경로를 걷지는 못한다. 팀장의 실패는 여러 가지 유형이 있으며, 그 원인도 다양하다. 팀장으로서 실패하는 상황들과 그 이유, 그리고 실패 유형에 대해 알아보자.

첫 번째는, 커뮤니케이션 부족이다. 이는 팀장 실패의 주요 원인 중 하나이다. 팀원들과의 효과적인 소통이 부족할 때, 오해와 갈등이 생기기 쉽다. 예를 들어, 팀장이 프로젝트의 기대치나 목표를 명확히 전달하지 않으면 팀원들은 무엇을 해야 할지 혼란스러워한다. 더 나아가, 팀장이 팀원들의 피드백이나 의견을 듣지 않는다면, 팀원들은 소외감을 느끼고 팀에 대한 애착을 잃어가게 된다.

두 번째 실패 유형은 리더십 스킬의 부족이다. 팀을 이끄는데 필요한 기본적인 리더십 기술이 부족한 경우, 팀장은 자연스럽게 팀원들의 존경과 신뢰를 얻기 어렵다. 예를 들어, 팀장이 결정을 내리는데 필요한 자신감이나 결단력이 부족하다면 팀원들은 팀장의 지도력을 의심하게 된다. 또한 팀원들을 공정하게 대우하지 못하거나, 갈등 상황에서 적절하게 중재하지 못하는 경우도 리더십 실패로 이어질 수 있고 이는 곧 실패하는 팀장으로 연결된다.

세 번째는 미흡한 문제 해결 능력이다. 모든 팀은 예상치 못한 문제에 직면한다. 팀장이 이러한 문제에 대처하는 능력이 부족하면 작은 문제가 큰 위기로 번질 수 있다. 팀장이 문제를 인식하고도 능동적으로 대처하지 않거나 잘못된 해결책을 선택하는 경우, 이는 팀 전체의 성과에 부정적인 영향을 미칠 수 있다.

네 번째 실패의 원인은 변화 관리 능력의 부족이다. 조직 환경은 끊임없이 변화하며, 팀장은 이 변화를 효과적으로 관리할 책임이 있다. 팀장이 변화를 거부하거나 변화에 필요한 자원을 제공하지 못하면, 팀은 시대에 뒤떨어진 채로 남을 위험이 있다. 변화에 유연하게 대응하지 못하는 팀장은 결국 팀의 성장과 혁신을 저해하는 원인이 된다.

마지막으로, 윤리적 실패도 팀장 실패의 한 형태이다. 팀장이 부적절한 행동을 하거나 윤리적 기준을 준수하지 않을 때, 이는 심각한 결과를 초래할 수 있다. 팀원들은 윤리적으로 행동하는 팀장을 존경하며 그 반대의 경우 팀장에 대한 신뢰를 잃게 된다. 윤리적 실패는 때때로 법적 문제로 이어질 수도 있으며, 조직 전체의 명성에 해를 끼칠 수 있다.

이러한 실패 유형을 이해하고 예방하는 것은 팀장으로서의 성공을 위해 매우 중요하다. 실패를 피하기 위해서는 지속적인 자기 반성과 개선, 팀원들과의 적극적인 소통, 그리고 필요한 리더십 스킬을 개발하는 노력이 필요하다. 팀장으로서 성공하기 위해 가장 중요한 것은 팀원들과의 신뢰를 구축하고, 모든 상황에서 팀의 이익을 최우선으로 생각하는 것이다.

스트레스 관리
– 스트레스 컨트롤

　　팀장으로 승진했다는 것은 기쁜 소식임에 틀림없다. 하지만 새로운 자리가 주는 스트레스는 무시할 수 없는 요소이다. 팀장은 위에서는 상위 관리자의 기대를, 아래에서는 팀원들의 요구를 충족시켜야 하는 위치에 있기 때문에 스트레스는 피할 수 없는 부분이 된다. 팀장이라는 자리는 상당한 책임감을 요구하며, 당신이 팀을 이끌고 나아가야 하는 리더로서의 역할을 강조한다. 이제 당신은 상사의 기대에 부응하면서 동시에 팀원들의 복지와 성장을 책임져야 하는 위치에 서게 되었다. 이런 새로운 책임감은 당연히 스트레스를 동반하게 마련이다. 그렇다면 이러한 스트레스를 효과적으로 관리하고 건강하게 리더십을 발휘하기 위해 어떤 방법을 적용할 수 있을까?

첫째, 스트레스를 관리하는데 있어서 가장 중요한 것은 자기 자신을 이해하는 것이다. 자기 인식은 당신이 어떤 상황에서 어떻게 반응하는지, 어떤 요인이 스트레스를 유발하는지 파악하는데 도움을 준다. 예를 들어, 특정 업무가 과중되거나 의사소통이 원활하지 않을 때 스트레스를 받는다면, 이러한 상황을 미리 인지하고 대비할 수 있다. 이를 위해 감정 일기를 작성하거나 마음 챙김 명상을 실천하는 등 여러 기술을 활용하는 것이 큰 도움이 될 것이다. 이런 기술들은 감정을 조절하고 스트레스를 받는 순간에도 침착하게 대응할 수 있는 능력을 키울 수 있게 도와준다.

둘째, 시간 관리는 스트레스를 줄이는데 매우 요긴하다. 팀장으로서 당신은 다양한 업무를 동시에 관리해야 하며, 각각의 업무에 대해 적절한 우선순위를 설정하는 것이 필수적이다. 이를 통해 업무의 효율성을 높이고, 업무량을 조절할 수 있다. 또한 업무를 효과적으로 위임하는 것도 필요하다. 모든 일을 혼자서 처리하려고 하지 말고, 신뢰할 수 있는 팀원에게 적절한 업무를 분배하여 팀 전체의 역량을 강화할 수 있다.

셋째, 효과적인 커뮤니케이션은 팀 내 갈등을 최소화하고, 스트레스를 줄이는데 중요한 역할을 한다. 명확하고 개방적인 대화를 통해 팀원들의 의견을 듣고 그들의 기대와 필요를 이해하려고 노력해야 한다. 또한 정기적인 팀 미팅을 통해 팀의 진행 상황을 공유하고, 피드백을 주고받는 문화를 만들어야 한다. 이러한 소통은 불필요한 오해를 줄이고, 팀원들 사이의 신뢰를 쌓을 수 있다.

넷째, 신체적 건강을 유지하는 것은 정신적 건강과 직결되어 있다. 규칙적인 운동은 스트레스 해소에 큰 도움을 줄 뿐만 아니라 정신적으로도 맑고 집중력을 높여 준다. 또한 충분한 수면과 건강한 식습관은 당신의 체력을 지탱하고, 장기적으로 건강을 유지하는데 필수적이다. 만약 스트레스가 심하다면, 프로페셔널한 도움을 받는 것도 고려해 보라. 상담가나 심리학자와의 상담은 스트레스 관리에 큰 도움을 줄 수 있다.

다섯째, 휴식과 재충전의 시간을 갖는 것도 스트레스 관리에서 중요한 부분이다. 주말이나 휴일을 이용하여 완전히 업무에서 벗어나 취미 활동이나 가족과 시간을 보내는 것이다. 이는 정신적으로 재충전하는데 도움이 되며 업무에 대한 새로운 시각과 창의적인 아이디어를 제공할 수 있다.

여섯째, 전문가의 도움 받기다. 가끔은 전문가의 도움을 받는 것이 필요할 수 있다. 스트레스가 관리 가능한 수준을 넘어서거나 일상생활에 큰 지장을 줄 경우, 심리학자나 상담사와 상담을 고려해 보자. 전문가들은 스트레스를 관리하는데 도움을 줄 수 있는 기술을 제공할 수 있다.

일곱째, 반성과 개선의 과정이다. 스트레스 관리는 지속적인 과정이다. 일이 잘 풀리지 않을 때 반성하고 필요한 부분은 개선해야한다. 스트레스를 관리하는데 있어 한 가지 방법만이 정답은 아니다. 상황에 따라 다양한 접근법을 시도하고 자신에게 가장 효과적인 방법을 찾아 적용하여야 한다.

이렇게 스트레스 관리를 통해 당신은 더욱 효과적이고 건강한 리더십을 발휘할 수 있다. 스트레스는 불가피한 부분이지만, 적절히 관리한다면 리더로서의 당신의 성장과 팀의 성공에 크게 기여할 것이다. 새로운 역할에서의 여정이 당신에게 큰 성취와 만족을 가져다주기를 기대한다.

*

"팀으로 일하는 것은 평범한 사람들이 비범한 결과를 낼 수 있게 한다."

― 앤드류 카네기Andrew Carnegie

좋은 팀 문화의 조성
– 팀 문화의 관리와 개선

좋은 팀 문화를 조성하는 것은 팀장의 주요 책임 중 하나다. 팀 문화는 팀원들이 공유하는 가치, 태도, 목표 및 실천 방식을 말한다. 좋은 팀 문화는 협력, 소통, 신뢰, 존중을 기반으로 하며 팀원 모두가 개인적으로 그리고 집단적으로 성장할 수 있는 환경을 조성한다. 이러한 문화는 팀의 생산성과 효율성을 높이며, 구성원 간의 갈등을 줄이고 만족도를 높인다.

팀 문화는 일의 질과 직결되며 긍정적인 팀 문화는 팀원들이 동기를 유지하고 창의적으로 일할 수 있는 기반이 된다. 반면 부정적인 팀 문화는 업무 효율을 저하시키고 팀원들의 이직률을 높일 수 있다. 따라서 팀장으로서 팀 문화를 적극적으로 관리하고 개선하는 것은 매우 중요하다. 팀장으로서 좋은 팀 문화를 조성하기 위해 실천해야 할 원칙들은 다음과 같다.

• 좋은 팀 문화 조성의 원칙

1. 투명한 커뮤니케이션

팀장은 투명한 커뮤니케이션을 통해 정보가 팀 내에서 자유롭게 흐를 수 있도록 해야 한다. 이는 정기적인 회의, 팀원들과의 일대일 대화, 그리고 열린 의사소통 채널을 통해 이루어진다. 팀원들이 의사결정 과정에 참여하고, 변화에 대한 이해를 돕는 것이 중요하다.

2. 상호 존중의 분위기 조성

팀원 각자가 서로를 존중하고, 다양성과 개인의 의견이 존중받는 환경이 필수적이다. 팀장은 편견 없이 모든 의견을 경청하고, 각 팀원의 기여를 평가하여 인정해야 한다. 존중하는 태도는 팀원들 사이의 신뢰를 쌓고 갈등을 예방하는데 기여한다.

3. 공동의 목표와 가치 공유

팀장은 팀의 비전과 목표를 명확하게 설정하고 이를 팀원 모두가 공유하도록 해야 한다. 이 과정에서 팀원들의 피드백을 받아 포함시키면 팀원들은 목표에 더 크게 공감하고 이를 달성하기 위해 적극적으로 참여하게 된다.

4. 신뢰 구축

신뢰는 팀 문화의 핵심 요소로 팀원들이 서로 의지하고 각자의 역할에 충실할 수 있는 환경을 만드는데 중요하다. 팀장은 일관된 행동과 공정한 의사결정을 통해 이러한 신뢰를 구축해야 한다.

5. 개인 및 팀의 성장 지원

팀장은 팀원들이 자신의 역량을 개발하고 성장할 수 있는 기회를 제공해야 한다. 이는 교육 프로그램, 멘토링, 그리고 새로운 프로젝트나 역할을 맡을 기회를 통해 이루어질 수 있다. 팀원의 개발은 팀 전체의 역량 강화로 이어진다.

6. 분위기 조성

긍정적인 분위기는 팀원들이 서로를 격려하고 지원하는데 도움을 준다. 팀장은 성취를 축하하고 실패에서 배우는 문화를 장려함으로써 이러한 분위기를 조성해야 한다.

7. 갈등 관리

팀 내 갈등은 불가피하게 발생할 수 있다. 팀장은 갈등이 생겼을 때 이를 신속하게 해결하고 팀원들이 서로의 차이를 이해하고 수용할 수 있도록 도와야 한다.

8. 성과 인정과 보상

팀원들의 노력과 성과를 적절히 인정하고 보상하도록 해야 한다. 이는 팀원들의 동기부여와 만족도를 높이며, 장기적으로 팀의 성과에 긍정적인 영향을 미친다.

9. 지속적인 개선

팀장은 정기적으로 팀 문화에 대한 피드백을 수집하고 개선점을 도출해야 한다. 지속적인 개선을 통해 팀 문화를 더욱 견고하게 다질 수 있다.

이러한 원칙들을 일관되게 적용하면서 팀 문화를 조성하는 것은 단기간에 이루어지는 것이 아니라 지속적인 노력이 필요하다. 팀장으로서 이 원칙들을 실천함으로써 팀원들이 행복하고 생산적으로 일할 수 있는 환경을 만들 수 있다. 이는 팀의 성과뿐만 아니라 조직 전체의 성공으로 이어질 것이다.

직업윤리
– 직장윤리의 조성

　　　　요즘 직장인의 윤리문제가 화두다. 직장에서 윤리 문제는 더욱 중요해지고 있다. 윤리적인 문제는 단순한 행동 규범을 넘어 조직의 핵심 가치와 직결되며, 팀장으로서의 역할은 이러한 가치를 팀에 전달하고 실천하는데 중요한 역할을 한다. 윤리적인 직장 환경을 조성하는 것은 단순히 좋은 이미지를 넘어 조직의 생존과 직결되는 사안이 되었다. 윤리문제에 걸리면 말 그대로 한방에 훅 갈 수 있다.

　직장에서 윤리는 단순히 규칙을 지키는 것 이상의 의미를 갖는다. 윤리적인 직장 환경은 신뢰를 바탕으로 하며 이는 조직의 성공을 결정짓는 중요한 요소이다. 팀장으로서 직장 윤리를 강조하고 실천하는 것은 조직 문화를 형성하고, 팀원들이 서로를 존중하며 협력하도록 만드는데 필수적인 역할을 한다.

우선, 직장 윤리의 중요성을 이해하는 것에서 시작해야 한다. 윤리적인 직장은 모든 구성원이 공정하게 대우받고 개인의 존엄성이 존중받는 곳이다. 이런 환경은 직원들의 만족도와 몰입도를 높여 생산성을 증가시키고, 회사의 평판을 강화하는데 기여한다. 윤리적 문제가 발생했을 때 적절히 대처하지 못하면, 그 결과는 조직 전체에 부정적인 영향을 미칠 수 있다.

직장에서 윤리를 실천하기 위해 팀장이 주의해야 할 점은 여러 가지가 있다. 첫째, 모범을 보이는 것이다. 팀장이 윤리적으로 행동하며 정직과 투명성을 보여주면, 팀원들도 이를 본받아 같은 행동을 하게 된다. 둘째, 윤리적 딜레마에 직면했을 때는 신속하고 공정하게 문제를 해결해야 한다. 이는 팀원들에게 정의가 실현될 수 있다는 믿음을 주고, 윤리적 기준이 일관되게 적용됨을 보여준다.

또한 윤리적 마음가짐과 원칙을 꼭 준수해야 한다. 이를 위해 명확한 윤리 강령을 마련하고, 이를 모든 팀원이 이해하고 따를 수 있도록 교육하는 것이 필요하다. 윤리 강령은 공정한 직장 환경을 조성하기 위한 기준을 제공하며, 잠재적인 윤리적 위험을 예방하는데 도움을 준다.

윤리 강령 외에도 일상에서 실천할 수 있는 구체적인 윤리 원칙에는 다음과 같은 것들이 있다. 첫째, 솔직함과 정직함을 항상 유지하고, 모든 업무 처리를 투명하게 진행해야 한다. 둘째, 모든 팀원과의 의사소통에서 존중과 공감을 기본으로 해야 한다. 셋째,

개인적인 이득을 추구하기보다는 팀과 조직의 이익을 우선시해야 한다.

마지막으로, 윤리적 문제에 대한 지속적인 교육과 토론을 장려해야 한다. 정기적인 워크숍이나 세미나를 통해 윤리적 상황에 대해 토론하고, 팀원들이 실제 사례를 통해 배울 수 있도록 도와주는 것이 좋다. 이런 활동은 팀원들이 윤리적 판단력을 강화하고, 복잡한 문제에 대처하는 능력을 개발하는데 도움을 준다.

팀장으로서 윤리를 중시하고 실천하는 것은 단순히 규칙을 따르는 것을 넘어서, 직장에서의 건강하고 생산적인 문화를 조성하는데 중요하다. 이는 결국 조직의 전반적인 성공과 지속가능성에 기여하며, 모든 구성원에게 긍정적인 영향을 미친다. 따라서 윤리는 모든 직장인, 특히 리더에게 있어서 중대한 책임이자, 지향해야 할 중요한 가치이다.

팀장으로서 직장 윤리를 지키고 촉진하는 것은 단순한 도덕적 의무를 넘어 조직의 성공을 위한 전략적 요소이다. 윤리적으로 운영되는 조직은 팀원들이 자부심을 가지고 일할 수 있는 환경을 제공하며, 이는 직원의 충성도와 전체 조직의 성과로 직결된다. 따라서 팀장으로서의 역할은 단순한 관리자에서 윤리적 리더로 확장되어야 한다. 이를 통해 모두가 존중받고, 신뢰할 수 있는 직장 문화를 만들 수 있다. 이것이 바로 현대 직장에서 윤리가 중요한 이유이다.

도덕적 윤리의 원칙들

팀장으로서 직업윤리를 지킴에 있어서 특히 도덕적 윤리와 관련하여 실천해야 할 것들이 있다. 그것은 개인은 물론 조직의 지속가능한 성장을 담보하는 첩경이 된다. 다음은 팀장이 실천해야 할 주요 도덕적 윤리적 원칙들이다

1. 투명성 유지: 모든 의사 결정 과정에서 투명성을 유지하는 것은 신뢰를 구축하고 팀원들이 각자의 역할을 이해하며 조직의 비전과 목표에 헌신하도록 돕는다. 예를 들어, 팀 성과 데이터를 공개하고 의사결정 과정에서 팀원들의 의견을 수렴하는 것이 포함된다.

2. 공정한 대우 보장: 모든 팀원에게 공정하게 대우하는 것은 필수적이다. 이는 팀 내에서 차별이나 편견 없이 모든 구성원이 동등한 기회를 갖고, 공정한 평가를 받도록 하는 것을 말한다. 성과 평가, 승진, 그리고 보상 결정 과정에서 객관적 기준을 사용해야 한다.

3. 정직성: 정직은 모든 윤리적 리더십의 기초이다. 팀장은 정직하게 행동함으로써, 팀원들에게도 같은 행동을 기대한다. 이는 모든 정보를 정확하게 전달하고, 실수나 실패를 솔직하게 인정하며, 오해의 소지가 있는 상황을 피하는 것을 포함한다.

4. 책임감 강조: 팀장으로서 자신의 행동과 결정에 대한 책임을 지는 모습을 보여주어야 한다. 또한 팀원들이 각자의 업무에 대해 책임을 지도록 격려하며, 잘못된 행동이나 결정이 있을 경우 이를 바로잡도록 지도해야 한다.

5. 윤리적 딜레마에 대한 대처: 윤리적 딜레마에 직면했을 때 올바른 결정을 내리는 것이 중요하다. 이를 위해 팀장은 법적 규정, 조직의 윤리 정책, 그리고 개인적 가치를 고려하여 합리적이고 도덕적인 결정을 내려야 한다. 필요한 경우 외부 전문가의 조언을 구하거나 윤리 위원회와 상의할 수도 있다.

6. 존중과 배려의 문화 조성: 작업 환경에서 존중과 배려를 장려하는 문화를 조성할 필요가 있다. 이는 모든 팀원이 서로의 의견을 경청하고 다양성을 존중하며, 서로에 대한 이해와 지지를 키우는 데 도움이 된다.

7. 개인적 발전 지원: 팀원들의 개인적 및 전문적 성장을 지원하는 것도 팀장의 중요한 역할 중 하나이다. 교육 기회 제공, 멘토링, 경력 개발 계획 수립 등을 통해 팀원들이 자신의 잠재력을 최대한 발휘할 수 있도록 돕는다.

이러한 원칙들을 실천함으로써 팀장은 조직 내에서 신뢰와 존경을 얻고 팀원들이 윤리적으로 행동하도록 영향을 미치며, 전체적으로 조직의 성공을 이끌 수 있다.

아직도 갑질하는 팀장이?
– 갑질 근절의 지침

        한국에서 종종 상사의 갑질이 회사 차원을 넘어 사회적, 법적문제가 되기도 한다. 갑질 문제는 한국 사회에서 심각한 문제로 인식되고 있으며, 직장 내에서의 갑질은 개인의 존엄성을 해치고 조직 전체의 분위기를 악화시킬 뿐 아니라, 법적인 책임까지 불러일으킬 수 있다. 따라서 팀장으로서 갑질을 근절하기 위한 명확한 각오와 행동 지침을 세우는 것은 당연하다. 이 글에서는 팀장이 갑질을 근절하고 건강한 직장 문화를 조성하기 위해 취해야 할 행동 지침에 대해 설명하겠다.

    직장 내에서 상사의 갑질 문제는 직원들의 일상과 심리적 안정을 크게 해치며 조직 전체의 효율성과 명성에도 악영향을 미치는 중대한 이슈이다. 팀장으로서 갑질을 근절하고 건강한 직장 문화

를 조성하는 것은 단순히 윤리적인 책임을 넘어서 조직의 지속 가
능성을 위한 필수적인 과제라 할 수 있다. 갑질의 근절은 팀장의
의식 개혁과 행동 변화에서 시작되어야 하며, 이는 조직 내 모든
구성원에게 긍정적인 영향을 미치는 과정이다.

갑질은 직위의 우위를 이용해 하급자에게 부당한 요구를 하거
나, 심리적, 정서적으로 부담을 주는 행위를 포함한다. 이러한 행
위는 팀원들 사이의 신뢰를 파괴하고, 업무의 질을 저하시키며,
최악의 경우 조직을 떠나게 만드는 원인이 된다. 따라서 팀장으로
서 갑질 문제에 대해 민감하게 반응하고 적극적으로 개입하는 자
세가 필요하다.

먼저 팀장은 자신의 행동을 돌아보며 갑질의 유형을 명확히 이
해하고 이를 피하기 위해 자기 점검을 해야 한다. 자신도 모르게
팀원에게 과도한 업무를 지시하거나, 개인적인 일에 팀원을 이용
하는 등의 행위가 갑질로 이어질 수 있음을 인식해야 하다. 또한
팀원들에게 공정하고 투명한 의사소통을 지향해야 하며 모든 업
무 지시에는 합리적인 이유가 동반되어야 한다.

팀 내에서 갑질 문제가 발생했을 때 팀장의 역할은 더욱 중요해
진다. 문제를 신속하게 해결하려는 노력과 함께, 피해자가 두려움
없이 자신의 어려움을 표현할 수 있도록 지원하는 것이 필요하다.
이를 위해 팀장은 팀원들과의 정기적인 소통 시간을 갖고, 개방된
분위기에서 솔직한 대화를 장려해야 하다. 이런 대화를 통해 팀원
들은 자신들의 고민을 공유하고, 팀장은 이를 바탕으로 팀 문화를

개선하는 방안을 모색할 수 있다.

더불어 팀장은 팀 내에서의 권력 구조와 업무 프로세스를 주기적으로 검토하고 조정해야 하다. 불필요한 권력 집중을 피하고, 각 팀원이 적절한 책임과 권한을 가질 수 있도록 하는 것이 필요하다. 갑질의 근절은 공정하고 균형 잡힌 권력 구조에서 시작되므로, 팀장은 이를 위한 조직적 노력을 이끌어야 한다.

직장 내 괴롭힘과 갑질을 예방하기 위해 팀장은 법적 지식을 갖추어야 한다. 직장 내 괴롭힘 관련 법률과 정책을 숙지하고 이를 팀원들에게도 교육하여 모든 구성원이 법적으로 보호받을 수 있음을 인지시켜야 한다. 또한 팀장은 문제 발생 시 법적 절차에 따라 적절히 대응할 수 있는 역량을 갖추어야 하며, 필요할 때 법적 조언을 구하는 것도 두려워하지 말아야 한다.

마지막으로 팀장은 긍정적인 팀 문화를 적극적으로 조성하려는 노력을 게을리해서는 안 된다. 이를 위해 정기적인 팀 빌딩 활동, 업무 외 교류의 기회를 마련하고, 팀원들이 서로를 더 잘 이해하고 존중할 수 있는 환경을 만들어야 한다. 각 팀원의 성취를 인정하고 축하하는 것도 팀의 긍정적인 에너지를 높이는데 기여한다.

팀장으로서 갑질을 근절하기 위한 각오와 노력은 단순한 관리가 아닌 진정한 리더십의 발휘이다. 이를 통해 팀원 모두가 존중받고 공정한 대우를 받으며, 자신의 업무에 자부심을 느낄 수 있는 직장 환경을 만들 수 있다. 이는 결국 조직의 건강과 성공으로 이어지며, 모든 구성원이 더 나은 업무 성과를 낼 수 있도록 돕는다.

직장내 갑질의 유형

직장 내 갑질은 상사와 부하 직원 간의 권력 불균형으로 발생하는 부적절한 행동이나 태도를 말한다. 팀장이나 상사가 저지를 수 있는 갑질의 유형에는 여러 가지가 있다.

1. 업무 과다 요구: 팀장이 부하 직원에게 지나치게 많은 업무를 할당하여 과도한 부담을 주는 경우이다. 이는 불필요한 야근을 강요하거나 업무량을 공평하게 분배하지 않을 때 발생할 수 있다.
2. 폭언 및 비방: 상사가 직원에게 모욕적인 언어나 인격을 무시하는 발언을 하는 경우이다. 이는 직원의 자존감을 저해하고 직장 분위기를 해치게 된다.
3. 사생활 침해: 직원의 개인적인 시간을 존중하지 않고 불필요한 사생활 정보에 간섭하거나 이를 근거로 불이익을 주는 경우이다.
4. 평가 차별: 상사가 특정 직원에게만 불리한 평가를 내리거나, 공정한 평가 시스템을 무시하는 경우이다. 이는 직장 내 성과 평가 및 승진에서 불공정성을 유발할 수 있다.
5. 권력 남용: 상사가 자신의 지위를 이용해 부당한 요구를 하거나, 자신의 지위를 이용해 직원에게 일방적으로 불리한 결정을 강요하는 경우이다.
6. 무시 및 배제: 상사가 특정 직원을 팀에서 고립시키거나 무시하는 행위이다. 이는 직원의 소속감을 훼손하고 정신적 스트레스를 유발할 수 있다.

이러한 갑질은 조직 내 분위기를 악화시키고, 직원들의 사기를 저하시킬 수 있다. 따라서 이를 방지하고 관리하는 것은 팀장의 주요 의무다.

팀원들과의 행복한 동행
– 긍정적인 역할 모델

팀장으로서 팀원들과 행복하게 동행하기 위해
서는 어떻게 해야 할까. 팀장으로서 팀원들과 행복하게 동행하는
것은 직장 생활의 큰 목표 중 하나이다. 이 과정에서 팀장은 단순
히 업무를 지시하고 감독하는 역할을 넘어, 팀원들과의 신뢰와 이
해를 바탕으로 서로 지지하고 성장할 수 있는 환경을 조성해야 한
다. 이러한 접근은 팀원들이 자신의 역할에 더욱 몰입하고, 팀 전
체의 목표를 향해 함께 나아가는 동력을 제공한다.

팀원들과 행복하게 동행하기 위해서는 먼저 각 팀원의 개성과
업무 스타일을 이해하고 존중해야 한다. 사람마다 성향과 장단점
이 다르기 때문에 이를 고려한 맞춤형 접근이 필요하다. 팀장은 개
인별로 다른 업무 방식을 인정하고, 각자의 잠재력을 최대한 발휘

할 수 있도록 지원해야 한다. 예를 들어, 명확한 지시가 필요한 팀원에게는 구체적인 업무 지침을 제공하고, 자율적인 환경에서 더 잘 성장하는 팀원에게는 필요한 자원과 독립성을 부여해야 한다.

또한 팀장으로서 팀원들의 의견과 피드백을 적극적으로 수렴하고 반영하는 것이 필요하다. 이는 팀원들이 자신들의 목소리가 팀 내에서 중요하게 여겨진다고 느끼게 하여, 팀 전체의 만족도와 참여도를 높이는데 기여한다. 정기적인 회의를 통해 팀원들이 자유롭게 의견을 표현할 수 있는 기회를 제공하고, 그 의견을 실제 업무 프로세스나 결정에 반영하여 팀원들이 실질적인 변화를 경험하도록 해야 한다.

팀원들의 개인적인 성장과 직업적 발전도 크게 중요하다. 팀장은 팀원 한 사람 한 사람의 경력 목표를 이해하고 그들이 그 목표에 도달할 수 있도록 도와주어야 한다. 이는 교육 기회의 제공, 멘토링, 새로운 프로젝트나 업무에 참여할 기회를 제공하는 것을 포함할 수 있다. 팀원들이 자신의 역량을 개발하고 성취감을 느낄 수 있도록 하는 것은 그들의 행복과 직장 내 만족도를 높이는데 결정적인 역할을 한다.

건강한 소통 문화의 조성도 필수적이다. 팀 내에서 솔직하고 개방된 대화가 이루어질 수 있도록 하는 것이 중요하며, 이는 갈등을 예방하고 효과적으로 해결하는데 도움을 준다. 팀장은 갈등 상황에서 중재자 역할을 하여 객관적이고 공정한 접근을 유지해야 한다. 또한 팀원들 사이의 긍정적인 관계를 촉진하기 위해 팀 빌딩 활동이나 비공식적인 모임을 주선할 수도 있다.

팀의 성과를 인정하고 보상하는 것도 팀원들과의 행복한 동행에 필수적이다. 작은 성취라도 축하하고, 팀 전체의 성공을 모두가 공유할 수 있도록 해야 한다. 이런 행위는 팀원들에게 긍정적인 강화를 제공하고, 그들이 앞으로도 성공을 위해 노력하도록 동기를 부여한다.

마지막으로, 팀장 자신의 웰빙을 돌보는 것도 필요하다. 팀장이 스트레스를 잘 관리하고 건강한 워크-라이프 밸런스를 유지할 때, 이는 팀원들에게도 긍정적인 영향을 미치며, 팀장이 팀원들과의 관계에서 더욱 효과적이고 긍정적인 역할 모델이 될 수 있다.

이 모든 것들이 조화롭게 작용할 때, 팀장과 팀원들은 진정으로 행복하게 함께 동행할 수 있다. 이는 단순한 업무적 성공을 넘어 서로에게 긍정적인 영향을 주며 함께 성장하고 발전하는 것을 의미한다. 이러한 접근 방식은 팀장과 팀원 모두에게 만족스러운 직장 생활을 제공하며, 조직의 성공을 장기적으로 보장한다.

팀원들과 행복하게 동행하기 위한 전략

1. 공통의 목표를 설정하라: 미션 임파서블
   팀장으로서 먼저 해야 할 일은, 모두가 공감하고 열정을 가질 수 있
   는 공통의 목표를 명확히 설정하는 것이다. 이는 마치 영화 '미션
   임파서블'의 팀이 어려운 임무를 향해 나아가는 것처럼.

2. 각자의 역할을 명확히 하라: 롤 플레이 게임
   각 팀원의 역할과 책임을 명확히 하는 것은, 마치 각자의 캐릭터가
   있는 롤 플레이 게임과 같다. 각자가 자신의 역할을 알고 있을 때, 더
   욱 효과적으로 기여할 수 있으며, 팀워크 또한 자연스럽게 강화된다.

3. 개방적인 커뮤니케이션을 장려하라: 커피숍 토크
   팀장은 팀 내에서 솔직하고 개방적인 의사소통을 장려해야 한다.
   이는 마치 친구들과 커피숍에서 수다를 떠는 것처럼 자유롭고 편
   안해야 한다. 이러한 커뮤니케이션은 신뢰를 구축하고, 팀 내 갈등
   을 줄이는 데 큰 도움이 된다.

4. 갈등을 적극적으로 관리하라: 평화 유지군
   팀 내 갈등은 불가피하다. 팀장으로서 중요한 것은 갈등을 피하는
   것이 아니라, 이를 적극적으로 관리하고 해결하는 것이다. 마치 국
   제 평화 유지군이 분쟁 지역에서 중재자 역할을 하는 것처럼, 팀장
   도 중립적이고 공정한 입장에서 갈등을 해결해 나가야 한다.

5. 정기적인 팀 빌딩 활동을 실시하라: 모험 여행
   팀원들 사이의 유대를 강화하기 위해 정기적인 팀 빌딩 활동을 계획
   하라. 이는 마치 모두가 함께 모험 여행을 떠나는 것과 같이 흥미롭
   고 즐거운 경험이 될 수 있다. 팀 빌딩 활동은 서로를 더 깊이 이해
   하고, 일상 업무에서 벗어나 휴식을 취할 수 있는 좋은 기회가 된다.

멀티태스킹의 지휘자가 돼야
– 멀티플레이어 되기

팀장은 멀티태스킹의 지휘자가 되어야 한다고
한다. 한마디로 멀티플레이어가 되라는 말이다. 팀장이 멀티플레
이어가 되어야 하는 것은 마치 오케스트라의 지휘자가 각 악기의
역할을 이해하고 조율해야 하는 것과 같다. 이는 단순히 여러 업
무를 동시에 수행하는 것을 넘어서 다양한 역할과 기술을 이해하
고 효율적으로 활용해야 한다는 의미이다. 왜 팀장이 멀티플레이
어가 되어야 하는지 그 이유와 중요성, 그리고 멀티플레이어가 되
기 위해 해야 할 일들을 알아보자.

팀장으로서 멀티태스킹을 효과적으로 수행하기 위해서는 다양
한 업무를 동시에 관리하고 조정하는 능력이 필수적이다. 이는 단
순히 여러 작업을 동시에 수행하는 것을 넘어서 각각의 작업을 효

과적으로 전환하고 우선순위를 설정하며, 결과적으로 조직의 목표와 일치하게 만드는 복잡한 과정을 포함한다. 팀장이 멀티플레이어가 되기 위해 필요한 전략과 기술은 다양하며, 이를 통해 팀 전체의 생산성과 효율성을 극대화할 수 있다.

첫 번째로, 팀장은 효과적인 시간 관리 기술을 개발해야 한다. 이는 일의 우선순위를 정하고, 각 작업에 필요한 시간을 합리적으로 추정하여 계획하는 것을 포함한다. 이 과정에서 팀장은 중요하고 시급한 작업을 식별하여 그에 맞게 자원을 배분해야 한다. 또한 팀원들이 자신의 역할과 관련된 작업을 효율적으로 수행할 수 있도록 지원하는 것도 중요하다.

두 번째로, 팀장은 통신과 정보의 흐름을 원활하게 관리해야 한다. 이는 팀 내외의 커뮤니케이션 채널을 효과적으로 사용하여 모든 팀원이 필요한 정보를 적시에 접근할 수 있도록 하는 것을 말한다. 팀장은 회의, 이메일, 메신저 등 다양한 수단을 통해 정보를 공유하고, 팀원들의 질문에 신속하게 응답하여 의사 결정 과정에서 발생할 수 있는 지연을 최소화해야 한다.

세 번째로, 팀장은 문제 해결 능력을 강화해야 한다. 멀티태스킹 환경에서는 예상치 못한 문제가 자주 발생하며 이를 신속하게 해결하는 능력이 요구된다. 팀장은 문제의 원인을 정확히 파악하고 효과적인 해결책을 신속하게 제시하여 업무의 흐름을 유지해야 한다. 이 과정에서 창의적인 사고와 빠른 판단력이 중요한 역할을 한다.

네 번째로, 팀장은 갈등 관리 능력을 개발해야 한다. 멀티태스킹 환경에서는 팀원들 사이의 역할과 책임이 겹치거나 충돌할 수 있으며, 이로 인해 갈등이 발생할 수 있다. 팀장은 이러한 갈등을 조기에 식별하고, 공정하고 효과적인 방법으로 해결하여 팀의 분위기와 생산성을 유지해야 한다.

다섯 번째로, 팀장은 지속적인 학습과 자기 개발에 투자해야 한다. 기술과 산업의 변화는 빠르게 진행되며, 이에 대응하기 위해 팀장은 최신 지식과 기술을 습득하여 팀의 경쟁력을 유지하는데 기여해야 한다. 이는 관련 분야의 세미나나 워크숍 참여, 전문 분야의 서적 읽기 등을 통해 이루어질 수 있다.

마지막으로, 팀장은 자신의 역할에 대한 열정과 헌신을 유지해야 한다. 멀티태스킹의 요구는 때로 스트레스를 유발할 수 있지만, 팀장이 긍정적인 태도와 높은 동기를 유지하면, 이는 팀 전체의 분위기를 긍정적으로 이끌고 모든 팀원이 최선을 다할 수 있게 만든다.

이러한 전략들을 통해 팀장은 멀티태스킹의 지휘자로서의 역할을 효과적으로 수행할 수 있다. 멀티태스킹 능력은 단기간에 개발될 수 있는 것이 아니며 지속적인 노력과 실천을 통해 점차 향상된다. 팀장으로서 이러한 능력을 개발하고 강화함으로써, 팀은 더 높은 성과를 달성하고 조직의 목표 달성에 기여할 수 있다.

팀원의 자기계발과 육성
– 조직 성장과 혁신의 요소

팀장으로서 팀원의 자기계발을 유도하고 유능한 직원으로 육성하는 것은 조직의 성장과 혁신을 촉진하는데 필수적이다. 이를 위해서는 개별 팀원들의 강점과 약점을 파악하는 것뿐만 아니라, 이들의 잠재력을 발휘할 수 있는 환경을 조성하고 성장에 대한 적극적인 지원을 제공해야 한다.

첫째, 팀원의 능력과 역량을 정확하게 파악하는 것이 우선이다. 각 팀원은 서로 다른 재능과 관심사를 가지고 있으므로 그들의 업무 스타일과 성장 목표를 파악하기 위해 개별 대화나 설문을 활용하는 것이 중요하다. 그리하여 각자의 경력 목표와 조직의 비전을 일치시키는 전략을 수립할 수 있으며, 각 팀원이 성장하고 발전할 수 있는 최적의 역할과 프로젝트를 제공할 수 있다. 예를 들어, 특정 기술을 강화하려는 팀원에게는 그 기술이 필요한 프로젝트를 배정하고, 다른 부서와 협업을 통해 다양한 경험을 쌓게 하는 등 맞춤형 기회를 제공한다.

둘째, 팀원에게 명확한 목표를 제시하고 이를 달성하기 위한 지침을 제공하는 것이 중요하다. 목표는 조직의 장기 전략과 조화를 이루는 동시에 팀원이 각자의 경력 목표를 달성하는데 도움이 되는 내용이어야 한다. 목표를 설정할 때에는 SMART 원칙(구체적이고Specific, 측정 가능하며Measurable, 달성 가능하고Achievable, 관련성 있고Relevant, 시기 적절한Time-bound)을 활용하여 팀원들이 명확하고 현실적인 목표를 설정할 수 있도록 지원해야 한다. 이 과정에서 팀원이 자신의 목표 설정 과정에 적극 참여하여 동의하고 헌신하도록 유도하면 동기부여를 높이고 자기 책임 의식을 강화할 수 있다.

셋째, 팀원들에게 피드백을 주고받는 문화가 형성되어야 한다. 이는 단순히 팀장이 일방적으로 팀원의 성과를 평가하는 것이 아니라, 피드백을 통해 팀원들이 스스로 강점과 약점을 파악하고 개선 전략을 수립하는 기회로 삼아야 한다. 피드백은 즉각적이고 구체적이어야 하며 팀원이 이를 통해 자신의 성과를 개선하고 발전할 수 있도록 지원해야 한다. 예를 들어, 성과가 뛰어난 경우에는 이를 공개적으로 칭찬하여 긍정적인 피드백을 제공하고, 개선이 필요한 부분은 건설적인 조언과 함께 개선 방안을 제시함으로써 팀원들이 자신감과 동기부여를 잃지 않도록 한다.

넷째, 팀원들에게 새로운 도전과 경험의 기회를 제공하는 것이 필요하다. 기존의 업무 영역에만 머물지 않고 새로운 기술이나 지식을 습득할 수 있는 다양한 기회를 제공함으로써 팀원이 스스로 성장할 수 있도록 지원한다. 이를 위해 프로젝트의 다양성을 높이거나 다른 부서와의 교류를 통해 협업 경험을 쌓을 수 있도록 지원할 수 있다. 또한 팀원들에게 직무에 관련된 전문 교육, 세미나, 워크숍 등에 참여할 수 있는 권한과 지원을 제공하는 것도 효과적이다.

다섯째, 팀 내에서 지식과 경험을 공유하는 문화를 조성해야 한다. 서로가 가지고 있는 전문 지식과 노하우를 공유함으로써 팀 전체의 역량을 강화하고, 문제 해결과 혁신을 촉진할 수 있다. 이를 위해 정기적인 지식 공유 세션이나 협업 프로젝트를 통해 팀원들이 서로 배우고 성장할 수 있도록 지원할 수 있다. 또한 이러한 지식 공유의 과정에서 팀원들의 창의적이고 혁신적인 아이디어가 조직에 반영될 수 있도록 적극적으로 수용할 필요가 있다.

여섯째, 팀원들에게 자율성과 책임감을 부여하여 자신의 성장에 적극적으로 참여할 수 있도록 유도해야 한다. 팀원들이 자신의 학습과 경력 개발에 대해 계획을 수립하고 실행할 수 있는 환경을 조성해 주어야 한다. 온라인 교육, 세미나, 컨퍼런스 등 다양한 교육 기회를 제공하거나, 팀 내에서 새로운 기술이나 방식을 실험해 볼 수 있는 자유로운 공간을 제공할 수 있다. 팀원들이 스스로 자신의 발전을 책임지게 함으로써 팀의 성장에 더 큰 기여를 할 수 있도록 격려한다.

마지막으로, 팀원들이 조직의 성장과 혁신에 기여할 수 있는 비전을 제시하고 그들의 성과와 공헌을 인정해 주는 것이 필요하다. 팀원이 조직의 성공에 중요한 역할을 한다는 사실을 인식하게 하고, 그들의 노력이 의미 있고 가치 있다는 것을 알게 함으로써 장기적인 동기부여를 유지할 수 있다. 이러한 인정은 단순히 개인의 성과를 넘어 팀 전체의 협력과 성과를 강조함으로써 팀워크를 강화하고 조직 문화의 긍정적인 발전을 촉진할 수 있다.

　이와 같이 팀장은 팀원들의 자기계발과 성장을 촉진하기 위해 신중한 이해와 목표 설정, 지속적인 피드백과 새로운 도전의 기회 제공, 지식 공유, 자율성 부여, 성과 인정 등 다양한 전략을 종합적으로 활용해야 한다. 이러한 노력을 통해 팀원들은 조직의 장기적인 성공을 이끄는 유능한 인재로 성장할 수 있을 것이며, 조직은 혁신적인 성과를 지속적으로 이룰 수 있을 것이다.

임원이 되기 위한 자기 계발
– 저 높은 곳을 향하여

　　　　　대부분의 팀장은 임원급이 아니다. 물론 임원급의 팀장도 있지만 이 책에서 다루는 부분은 아니다. 중간 간부로서의 팀장은 알게 모르게 저 높은 곳을 향하여 전진하려고 할 것이다. 임원을 꿈꾸는 것이다. 따라서 이번 장에서는 팀장 자신의 자기계발에 대하여 생각해보기로 한다. 어떻게 경력관리를 할 것인지, 어떤 자기계발을 통하여 임원을 꿈꿀 것인지를 말이다.

　모든 직장인이 그렇듯이 팀장 또한 자기 계발은 성공적인 경력을 위한 필수 요소이다. 우선, 팀장에서 임원으로 나아가기 위해서는 리더십과 관리 능력이 매우 중요하다. 리더십은 단순히 지시와 명령을 내리는 것이 아니라 팀원들의 잠재력을 최대한 발휘하게 하고, 동기를 부여하며, 팀의 목표를 향해 구성원 모두가 함께 나아갈 수 있도록 하는 능력을 포함한다. 이를 위해 팀장은 효과적인 의사소통 기술을 개발해야 한다. 이는 팀원들과의 개별적인 대화는 물론, 회의를 주재하고 프레젠테이션을 하는 등 다양한 상황에서 자신의 생각과 아이디어를 명확하게 전달할 수 있어야 한다.

또한 갈등 관리 능력도 중요한 자기계발 분야이다. 팀 내에서 발생할 수 있는 다양한 갈등을 효과적으로 해결하고 조정할 수 있는 능력은 팀원들 사이의 원활한 협력을 이끌어내고, 긍정적인 업무 환경을 조성하는데 크게 기여한다.

이와 함께, 팀장으로서는 프로젝트 관리 기술도 필수적이다. 프로젝트의 기획부터 실행까지 모든 과정을 체계적으로 관리할 수 있어야 하며 예산 관리, 일정 조정, 자원 배분 등 다양한 관리적 요소를 효율적으로 취급할 수 있는 능력이 요구된다.

임원으로 나아가기 위해서는 비즈니스 전략 개발 능력도 중요하다. 시장 동향을 분석하고, 기업의 장기 목표에 부합하는 전략을 세우는 것은 물론, 경쟁사 대비 우위를 확보할 수 있는 차별화된 접근 방식을 개발할 수 있어야 한다. 이를 위해선 경제, 시장, 경쟁사 분석 등의 지식이 필요하며, 관련 분야의 교육이나 자격증, 세미나 참여 등을 통해 전문성을 더욱 강화할 수 있다.

한편, 기술적인 스킬도 중요한 자기 계발 영역이다. 디지털 변환Digital Transformation이 기업 경영의 중요한 부분으로 자리 잡으면서, 데이터 분석, 인공지능, 클라우드 컴퓨팅 등 최신 기술에 대한 이해와 활용 능력이 요구되고 있다. 이러한 기술적 스킬은 특히 임원이 되고자 하는 팀장이라면 더욱 중요하며, 관련 온라인 코스나 자격증 프로그램을 통해 지식을 쌓는 것이 좋다.

자기 계발의 또 다른 중요한 영역은 인간관계이다. 조직 내외부적으로 네트워크를 구축하고 유지하는 것은 경력 발전에 큰 도움이 된다. 이를 위해 업계 컨퍼런스나 세미나에 참여하여 동종업계 사람들과의 관계를 넓히고, 멘토나 멘티를 찾아 서로의 경험을 공유하는 것도 유익하다. 추가로, 조직 내에서는 각종 팀 빌딩 활동이나 조직 문화 개선 프로젝트에 적극적으로 참여하여 동료들과의 관계를 강화하고 팀워크를 증진시키는 것이 필요하다.

이처럼 다양한 자기 계발은 팀장에서 임원으로의 진급뿐 아니라 일반적인 직장 생활에서도 큰 도움이 된다. 이 모든 스킬을 개발하고 개선하는 과정에서 자신감을 키우고, 전문가로서의 위치를 확립하며, 궁극적으로는 자신이 속한 조직뿐만 아니라 자신의 경력에도 긍정적인 영향을 미치게 된다. 이러한 자기 계발은 지속적인 학습과 노력, 그리고 직업적 성장을 향한 의지가 합쳐져야 비로소 성공으로 이어질 수 있다. 그러므로 자기계발에 필요한 시간과 노력을 투자하는 것이 중요하며, 이 과정에서 얻은 지식과 경험은 개인의 경력뿐만 아니라 개인적인 성장에도 큰 자산이 될 것이다.

골치 아픈 팀원을 어쩌지?
– 당신의 능력을 보여주세요

　　　　　팀장으로서 문제 있는 팀원, 삐딱한 팀원, 일 못 하는 팀원 등을 어떻게 상대하고 이끌어야 하는지도 당면한 현실적 과제가 될 것이다.

팀장으로서 다양한 성격의 팀원들을 이끄는 것은 마치 다채로운 색깔의 물감을 조화롭게 섞어 하나의 그림을 완성하는 것과 같다. 가장 먼저 해야 할 일은 팀원 각자의 개성과 장점을 정확히 파악하는 것이다. 문제 있는 팀원이라 할지라도 그 안에 숨어 있는 잠재력을 발견할 수 있어야 한다. 예를 들어, 일을 소홀히 하는 팀원이 있다면 그 원인을 근본적으로 파악해야 한다. 때로는 개인적인 문제나 업무에 대한 부담감 때문일 수도 있으며, 이럴 때는 미팅을 통해 이야기를 듣고 공감을 표현함으로써 그들의 입장을 이해하려고 노력해야 한다.

삐딱한 태도를 보이는 팀원의 경우, 이들의 행동 뒤에는 종종 불만족이나 불안감이 숨어 있다. 이런 팀원에게는 공개적인 자리보다는 일대일 대화를 통해 신뢰를 쌓는 것이 중요하다. 진솔하게 자신의 의견을 말할 수 있는 기회를 제공하고, 그 의견이 팀 내에서 어떻게 반영될 수 있는지 함께 고민해보는 시간을 가짐으로써 그들이 팀의 중요한 일원임을 느끼게 해야 한다.

일을 잘 못하는 팀원에 대해서는 이들이 스스로 성장할 수 있도록 도와주는 역할이 필요하다. 초기에는 더 많은 지도와 피드백을 제공하며, 점차적으로 책임감을 가지고 스스로 문제를 해결할 수 있는 능력을 키울 수 있도록 유도한다. 또한 이런 팀원들에게는 작은 성공 경험을 자주 맛보게 함으로써 자신감을 북돋울 수 있다.

팀 전체의 분위기를 고려한 커뮤니케이션 전략도 필요하다. 각 팀원의 성향을 고려하여, 언제는 유연하게, 언제는 단호하게 접근해야 할지를 판단해야 한다. 이를 위해 팀장은 팀원들의 반응을 세심하게 관찰하고 상황에 맞는 맞춤형 솔루션을 제공해야 한다. 예를 들어, 팀원 중 누군가가 업무에 지나치게 압박을 느끼고 있다면, 그 부담을 줄이기 위한 방안을 모색하고, 필요하다면 업무 분담을 조정해야 한다.

무엇보다 중요한 것은 모든 팀원이 같은 목표를 향해 나아가고 있음을 자주 상기시켜 주는 것이다. 회의나 팀 빌딩 세션을 통해 팀의 비전과 목표를 공유하고, 각자가 그 목표에 어떻게 기여할 수 있는지를 명확히 해야 한다. 이 과정에서 팀원들이 서로 의견을 교환하고 서로의 역할을 이해하며, 협력하는 문화가 자리 잡을 수 있다.

이러한 노력들은 시간이 지남에 따라 팀원 개개인의 변화뿐만 아니라 팀 전체의 성장으로 이어진다. 팀장으로서의 리더십이 강화되고 팀원들 간의 신뢰도 높아짐에 따라, 처음에는 문제로 보였던 여러 상황들이 점차 해결되어 가는 것을 목격할 수 있다. 결국 이러한 과정을 통해 각 팀원은 자신의 잠재력을 최대한 발휘할 수 있는 기회를 갖게 되며, 팀장 또한 진정한 리더십을 발휘할 수 있는 능력을 키울 수 있다.

팀장은 이러한 여러 가지 문제를 단순히 장애물로 보지 않고 개인의 성장과 팀의 발전 기회로 삼아야 한다. 문제 있는 팀원, 삐딱한 팀원, 일 못하는 팀원 모두가 자신만의 고유한 가치와 능력을 가지고 있음을 인정하고, 그들이 그 능력을 발휘할 수 있도록 격려하고 지원하는 것이 좋은 팀장의 역할이다. 이렇게 함으로써, 팀은 더욱 강해지고 각 개인은 더 큰 성취를 이루며, 결과적으로는 조직 전체가 성공적인 결과를 얻을 수 있다.

• 못마땅한 팀원들과 소통하는 요령

팀장으로서 다양한 팀원들과의 소통은 마치 마술사가 관객과 상호작용하며 마법을 부리는 과정과도 같다. 각각의 팀원과 효과적으로 소통하기 위해선 몇 가지 중요한 요령과 방법을 따라야 한다.

1. 문제 있는 팀원과의 대화: '탐정 모드 활성화'

문제 있는 팀원과의 대화는 탐정이 증거를 수집하듯이 접근해야 한다. 첫 번째 단계는 무엇이 문제인지 명확히 파악하는 것이다. 이를 위해서는 꼼꼼한 관찰과 경청이 필요하다. 대화를 시작할 때는 직접적인 비판을 피하고, 열린 질문을 사용해 대화를 유도한다. 예를 들어, "최근 프로젝트에서 어려움을 겪고 있는 것 같은데, 어떤 부분이 가장 힘든가요?"라고 물어보는 식이다. 이렇게 하면 팀원은 자신이 직면한 문제나 느끼는 감정을 자연스럽게 표현할 수 있다.

2. 삐딱한 팀원과의 소통: '미러링 기법'

삐딱한 태도를 가진 팀원과 소통할 때는 미러링 기법이 유용한다. 미러링 기법은 상대방의 자세나 몸짓을 그대로 따라하거나, 그들이 말한 내용을 재진술하거나 유사한 단어를 사용하는 방식으로 수행할 수 있다. 이러한 미러링은 상대방에게 공감을 표현하는 동시에, 관계를 강화하고 신뢰를 구축하는데 도움이 된다. 이 기법을 사용하면 상대방은 자신이 이해받고 있다고 느끼며 대화에 더 개방적이 될 가능성이 높아진다. 예를 들어, 팀원이 "이 프로젝트는 시간 낭비인 것 같아요"라고 말하면, 팀장은 "시간 낭비라고 느끼는 부분이 있군요. 구체적으로 어떤 점이 그렇게 느껴지나요?"라고 대답할 수 있다.

3. 업무 수행이 미흡한 팀원과의 멘토링: '스토리텔링'

업무 수행이 미흡한 팀원을 멘토링할 때는 스토리텔링을 활용해보자. 복잡한 업무 지시보다는 실제 경험에서 얻은 교훈을 공유하는 것이 더 효과적일 수 있다. 예를 들어, 팀장이 과거에 비슷한 문제를 어떻게 해결했는지, 그리고 그 과정에서 어떤 교훈을 얻었는지를 이야기하면서 팀원이 직면한 문제에 대한 해결책을 제시한다. 이런 접근은 팀원이 이야기 속에서 해답을 찾고, 더 큰 그림을 보는데 도움을 줄 수 있다.

4. 모든 팀원과의 일상적 소통: '오픈도어 정책'

마지막으로, 일상적인 소통에서는 오픈도어 정책을 유지하는 것이 필요하다. 팀원들이 언제든지 편하게 자신의 의견이나 걱정거리를 표현할 수 있도록 항상 문을 열어두자. 정기적으로 팀원들과 비공식적인 커피 미팅을 가지거나 가벼운 대화를 나누는 시간을 가짐으로써 팀원들이 편안하게 자신의 생각을 공유하도록 장려한다.

이러한 전략들은 팀장이 다양한 유형의 팀원들과 효과적으로 소통하고, 각자의 장점을 최대한으로 활용하여 팀의 성과를 극대화하는데 도움을 줄 수 있다. 각각의 팀원에게 맞춤형 접근 방식을 취함으로써, 팀장은 팀의 조화와 생산성을 높이는 마술사가 될 수 있다.

충성심
− 리더십을 시험하는 것

　　　　팀장은 팔로워의 충성을 바라는 것 이상으로 그 자신이 조직과 상사에게 충성을 해야 한다. 모범을 보여야 하는 것이다. 팀장이 조직과 상사에게 충성심을 보이는 것은 그의 리더십을 통해 조직 내에 견고한 신뢰와 결속력을 형성하는 핵심 요소이다. 미국의 기업가 샘 월튼은 "훌륭한 리더십은 직원들이 자발적으로 헌신하도록 동기부여하는 것이다"라고 했다. 이는 팀장의 충성심이 팀원들에게 모범이 되어 조직의 공동 목표를 위해 노력하도록 이끌어내는 힘이 된다는 뜻이다. 팀장의 충성심은 조직의 가치에 대한 헌신과 책임감을 바탕으로 하며, 팀원들의 행동을 변화시키고 조직 문화에 긍정적인 영향을 미치게 된다.

　　충성심의 핵심은 조직과 상사의 목표를 이해하고 이를 팀과 공유하며 행동에 일관성을 보이는 것이다. 팀장은 자신의 행동을 통해 조직의 비전을 체화해야 하며, 이를 팀원들에게도 적극적으로 전달하여 그들이 조직의 목표에 대한 확신과 동기부여를 갖도록 도와야 한다. 팀장이 조직의 방향성을 명확히 이해하고 팀 내에서 일관된 메시지를 전달하면 팀원들도 조직과 같은 방향으로 움직이며 자신의 역할에 대해 더 큰 책임감을 느끼게 된다. 이때 조직의 비전과 전략이 팀원들의 일상 업무와 어떻게 연관되는지 명확히 설명하는 것이 중요하다.

또한 팀장은 상사와 조직의 결정 사항을 존중하고 지지하는 태도를 가져야 한다. 이는 무조건적인 동조가 아니라 상사와 조직의 전략에 대한 깊은 이해와 신뢰를 바탕으로 한 지지이다. 아브라함 링컨이 "우리의 힘은 연합된 노력에 있다"고 했듯이, 팀장은 조직 내에서 상사와 일관된 메시지를 전달하고 팀원들에게 그들의 역할을 명확히 알려주어야 한다. 이로 인해 조직의 결정에 대한 신뢰와 협력을 조성할 수 있으며, 팀원들이 목표를 향해 단결하여 성과를 낼 수 있는 환경을 만듭니다.

충성심을 실현하는 또 하나의 방법은 상사의 기대치를 파악하고 이를 충족하려는 노력이다. 피터 드러커는 "경영은 타인의 강점을 발휘하게 하고, 결과를 창출하며, 함께 성장하는 일이다"라고 말했다. 팀장은 상사의 기대를 이해하고 이를 팀의 목표로 구체화함으로써 팀원들에게 명확한 방향을 제시하고, 그 목표를 달성하기 위해 필요한 지원과 자원을 제공해야 한다. 이를 통해 팀원들은 목표에 대한 명확한 인식을 갖고 일관된 노력을 기울일 수 있으며, 상사와 팀원 간의 신뢰를 강화할 수 있다.

그러나 충성심이란 무조건적인 순응이 아니라 조직의 개선과 발전을 위한 건설적인 비판과 조언을 의미하기도 한다. 충성심을 발휘하려면 팀장은 상사의 결정에 대한 존중과 함께 조직의 발전을 위해 필요한 피드백을 제공해야 한다. 존 맥스웰은 "훌륭한 리더는 자신의 말과 행동에 책임을 지며, 필요한 경우 실수에 대해 인정하고 개선한다"라고 말했다. 팀장은 상사와의 소통에서 조직의 이익을 최우선으로 하며 건설적인 대화를 통해 조직이 나아갈 더 나은 방향을 제시해야 한다.

마지막으로, 팀장은 행동으로 충성심을 실천하며 팀원들에게 본보기가 되어야 한다. 마하트마 간디가 "당신이 세상에서 보고자 하는 변화가 되라"고 했듯이, 팀장은 자신의 일상적인 행동과 업무를 통해 조직에 대한 충성심을 보여줘야 한다. 팀장이 상사와 조직을 존중하며 적극적으로 지원하는 모습을 보이면 팀원들도 자연스럽게 이를 본받아 자신의 역할에 충실하게 된다. 이는 팀원들이 조직의 비전과 목표를 내재화하고, 자기 일에 자부심을 느끼도록 하는데 큰 도움이 된다.

결론적으로, 팀장은 조직과 상사에게 충성심을 보여주며 팀원들에게 올바른 행동의 본보기가 돼야 한다. 이를 위해 조직의 가치를 체화하고 상사의 기대를 충족시키는 동시에 건설적인 피드백을 제공해야 한다. 이렇게 충성심을 실천하는 팀장은 팀원들에게 조직에 대한 헌신과 성과의 중요성을 전하며 팀 전체가 조직의 목표를 향해 단결하도록 이끌 수 있다. 팀장의 이러한 노력은 결국 조직의 성장과 번영에 크게 기여하게 된다.

*

"팀장의 충성심은 팀의 단결력을 강화하고, 모든 팀원이 공통의 목표를 위해 노력하게 만듭니다."
– 스티븐 코비

성과관리
– 성과로 조직에 기여하기

        팀장으로서의 성과관리는 매우 중요하다. 팀장은 성과로서 조직에 기여해야 하기 때문이다. 성과관리는 팀장의 역할에서 중심적인 요소 중 하나로, 이는 단순히 숫자를 채우는 것을 넘어서 팀원 개개인의 성장과 팀 전체의 발전을 도모하는 복합적인 과정이다. 성과관리의 핵심은 목표 설정, 진행 평가, 피드백 제공, 그리고 개선 방향 모색에 있다. 이 모든 과정은 팀원들과의 지속적인 소통과 깊은 이해를 바탕으로 이루어져야 하며, 팀장의 섬세한 리더십이 크게 요구된다.

  성과관리의 시작점은 팀과 개인의 목표를 설정하는 것에서 출발한다. 이때 중요한 것은 목표가 구체적이고, 측정 가능하며, 달성 가능하고, 관련성이 있으며, 시간 기반으로 설정된다는 점이다. 이러한 SMART기준(뒤에 설명한다)을 따르는 목표 설정은 팀원 각자가 자신의 역할과 기대치를 명확히 이해하도록 돕고, 그들의 업무에 명확한 방향성과 동기를 제공한다. 더 나아가, 이러한 목표는 팀 전체의 큰 그림과 조화를 이루어야 하며, 회사의 전략적 방향과도 일치해야 한다.

목표를 설정한 후, 팀장은 진행 과정을 모니터링하며, 주기적으로 평가를 실시해야 한다. 이 과정에서 중요한 것은 객관적인 데이터와 팀원들의 자기 평가를 결합하는 것이다. 예를 들어, 팀장은 프로젝트의 진행 상황을 체크하고 이를 팀원들과 공유함으로써, 그들이 자신의 진행 상태를 정확히 인지하고 필요한 조정을 할 수 있도록 도와야 한다. 이는 팀원들이 자신의 성과를 자각하고 필요한 개선을 자발적으로 모색하도록 격려하는 과정이다.

피드백 제공은 성과관리에서 중요한 역할을 한다. 이때 팀장은 단순히 성과의 결점을 지적하기보다는 성공적인 결과에 대해 충분히 인정하고, 개선이 필요한 부분에 대해서는 구체적이고 건설적인 피드백을 제공해야 한다. 피드백 세션은 대화의 형태로 이루어져야 하며, 팀원이 자신의 의견을 자유롭게 표현할 수 있는 환경에서 진행되어야 한다. 팀원들이 자신의 의견을 솔직하게 개진할 수 있을 때, 보다 실질적인 문제 해결과 개선 방안이 도출될 수 있다.

또한 성과관리는 지속적인 교육과 개발 기회와 연결되어야 한다. 팀장은 팀원들이 직면한 문제를 해결하고, 그들의 경력 목표를 달성할 수 있도록 지원하는 다양한 교육 프로그램이나 워크샵을 제공해야 한다. 이러한 교육 기회는 팀원들의 기술적 능력과 전문성을 향상시키는데 도움을 주며, 동시에 그들의 동기부여를 강화한다.

성과관리 과정 전반에 걸쳐 팀장의 역할은 단순한 관리자에서 멘토와 코치로 확장되어야 한다. 팀장이 팀원들의 성장을 진정으로 지원하고자 할 때, 그들은 이러한 지원을 기반으로 자신들의 잠재력을 최대한 발휘할 수 있다. 이는 결국 팀 전체의 성과 향상으로 이어지며, 조직의 장기적인 성공을 보장하는 요소가 된다.

이처럼 성과관리는 단순한 성과 측정을 넘어서 팀원들의 개인적인 성장과 조직의 발전을 도모하는 포괄적인 접근 방식이다. 팀장으로서 성과관리를 효과적으로 수행하기 위해서는 리더십, 의사소통, 동기부여, 교육 및 개발 지원 등 다양한 역할을 조화롭게 수행해야 하며, 이 과정에서 팀원들과의 신뢰를 바탕으로 한 깊은 이해와 지속적인 지원이 필수적이다.

• 성과부진시 대응전략

문제는 성과관리에도 불구하고 팀의 성과가 부진했을 때다. 성과가 부진할 때 팀장으로서 효과적으로 대응하는 것은 팀의 성공을 위해 매우 중요하다. 팀 성과가 저하되었을 때 팀장은 어떤 방식(전략)을 취해야 할까?

먼저, 팀 성과가 부진한 원인을 파악하는 것이 시작점이다. 원인 분석 없이는 효과적인 대응책을 마련하기 어렵다. 팀장은 팀원들과의 개별 면담, 팀 회의, 성과 데이터 분석 등 다양한 방법을 통해 문제의 근본 원인을 찾아내야 하다. 예를 들어, 프로젝트의 실패가 팀원들의 기술 부족에서 기인하는 것인지, 아니면 외부의 불가피한 변화 때문인지를 구분하는 것이 중요하다.

원인 파악 후에는 적절한 해결책을 도출해야 한다. 이때 중요한 것은 팀원들을 적극적으로 참여시키는 것이다. 팀원들이 문제의 해결 과정에 참여함으로써, 그들은 더 많은 책임감을 느끼고 변화에 더 쉽게 적응할 수 있다. 팀장이 해결책을 일방적으로 제시하는 것이 아니라, 팀원들의 의견을 듣고 함께 결정한다. 이 과정에서 다양한 아이디어가 모이고, 더 실현 가능하고 효과적인 해결책이 도출될 수 있다.

해결책을 실행에 옮길 때는 구체적인 계획과 목표가 필요하다. 팀장은 각 단계별로 세부사항을 명확히 하고, 각 팀원의 역할과 기대성과를 분명히 해야 한다. 이를 통해 팀원 각자가 자신의 역할을 정확히 인식하고, 각자의 기여가 전체성과에 어떻게 연결되는지를 이해할 수 있다.

또한 팀 성과의 부진을 극복하기 위해 팀장은 동기부여 역할도 중요하게 수행해야 한다. 부진한 성과로 인해 팀원들의 사기가 저하될 수 있으므로, 팀장은 긍정적이고 지지적인 태도로 팀원들을 격려해야 한다. 인정과 칭찬은 팀원들이 좋은 성과를 내도록 동기를 부여하는데 효과적인 수단이다. 예를 들어, 개선된 성과나 노력에 대해 적극적으로 인정하고, 팀의 성공을 위해 각자가 기여한 바를 공개적으로 칭찬한다.

성과 개선 과정에서는 지속적인 피드백과 평가가 필수적이다. 팀장은 정기적으로 팀 성과를 검토하고, 계획의 진행 상황을 평가해야 한다. 이는 팀원들에게 명확한 피드백을 제공하여 필요한 경우 즉시 조정할 수 있게 한다. 또한 팀원들이 자신들의 진행 상황을 자각하고 필요한 변화를 스스로 깨닫게 하는데 도움을 줄 수 있다.

마지막으로, 팀장은 항상 개방적이고 접근 가능해야 한다. 팀원들이 자유롭게 의견을 공유하고 문제를 제기할 수 있는 분위기를 조성하는 것이 중요하다. 그럼으로써 팀원들은 자신들의 고민이나 제안을 팀장에게 쉽게 전달할 수 있고, 이는 전체 팀의 성과 개선으로 이어질 수 있다.

이처럼 팀장으로서 성과부진에 대응하는 것은 단순히 문제를 해결하는 것 이상의 의미가 있다. 이는 팀의 결속을 강화하고, 각 팀원의 잠재력을 최대한 발휘할 수 있는 기회를 제공한다. 따라서 팀장은 이러한 상황을 성장의 기회로 삼아, 더 나은 리더십을 발휘할 수 있어야 한다.

SMART 목표 설정
– 팀을 효과적으로 이끌기

앞에서 잠깐 소개한 바 있는 SMART 목표 설정은 팀장이 팀의 목표를 효과적으로 계획하고 달성하는데 사용하는 핵심적인 기법으로, 목표를 명확하고 달성 가능하게 정의하여 팀원들이 각자의 역할을 인지하고 목표 달성에 집중하도록 돕는다. 이 기법은 각각 Specific(구체적), Measurable(측정 가능), Achievable(달성 가능), Relevant(관련성), Time-bound(기한 제한)이라는 다섯 가지 요소로 구성되어 있다.

첫 번째 요소인 'Specific(구체적)'은 목표가 명확하고 구체적이어야 한다는 것을 의미한다. 모호한 목표는 방향성을 잃게 하며 팀원들이 어떤 부분에 집중해야 하는지 혼란을 줄 수 있다. 이를 피하기 위해 목표는 누구에게, 무엇을, 왜, 어떻게 해야 하는지 분명하게 설명해야 한다. 예를 들어 "매출을 올린다"보다는 "특정 제품의 판매량을 10% 증가시켜 2분기 매출 목표를 달성한다"와 같이 명확하고 특정한 성과에 초점을 맞춰야 한다. 구체적으로 정의된 목표는 모든 팀원이 같은 방향으로 노력을 집중하도록 하는데 도움이 된다.

두 번째 요소인 'Measurable(측정 가능)'은 목표란 진척 상황과 최종 성과를 객관적으로 평가할 수 있어야 한다는 것이다. 측정 가능성은 목표의 달성 여부를 확인하고, 진척도를 추적하며 필요에 따라 전략을 조정하는데 필수적이다. 예를 들어 "브랜드 인지도를 높인다"는 막연한 목표 대신 "연말까지 소비자 설문조사에서 브랜드 인지도를 15% 이상 향상시킨다"와 같이 정확한 수치나 척도를 사용해야 한다. 이렇게 하면 팀이 지속적으로 목표를 향해 진전하고 있는지, 중간에 보완할 부분은 없는지 파악할 수 있다.

세 번째 요소인 'Achievable(달성 가능)'은 목표는 현실적이고 달성 가능해야 한다는 것이다. 목표가 너무 높으면 팀원들의 의욕이 꺾일 수 있고, 지나치게 쉬우면 도전 의식을 잃을 수 있다. 따라서 팀의 역량, 자원, 업무 환경 등을 고려하여 현실적이면서도 도전적인 목표를 설정해야 한다. 그래야만이 팀원들은 목표가 현실적이라고 인식하고 이를 달성하기 위해 협력과 노력을 기울일 수 있다. 예를 들어 과거의 성과와 현재의 능력을 고려하여 어느 정도의 매출 증가를 달성할 수 있는지 파악하고, 이 목표를 달성하기 위한 구체적인 전략을 수립해야 한다.

네 번째 요소인 'Relevant(관련성)'은 목표는 팀의 전략적 방향과 조직의 장기적인 비전과 연관성이 있어야 한다는 것이다. 목표가 조직의 전략에 부합하지 않으면 팀원들의 노력도 일관된 방향으로 나아가기 어렵고, 성과와 동기 부여에도 영향을 미친다. 팀장은 목표가 조직의 비전과 가치를 반영하고 팀의 현재 프로젝트와도 일치하도록 해야 한다. 예를 들어 제품 개발 팀은 시장의 수요에 맞는 제품을 만들고, 마케팅 팀은 이를 효과적으로 홍보하여 회사의 전반적인 목표를 지원하는 식이다.

다섯 번째 요소인 'Time-bound(기한 제한)'는 목표에는 명확한 마감 기한이 있어야 한다는 것이다. 기한이 명확하면 팀원들은 일정을 바탕으로 계획을 수립하고, 업무 우선순위를 조정하며 효율적으로 업무를 추진할 수 있다. 또한 기한이 있는 목표는 결과를 평가하고 피드백을 통해 개선할 기회를 제공한다. 예를 들어 "연말까지"나 "다음 분기까지"와 같이 구체적인 일정을 제시하면 목표를 위한 실질적인 마감일을 갖게 된다.

이렇듯 SMART 목표 설정 기법을 적용하면 목표에 대한 이해가 높아지고 팀원들은 자신의 역할과 책임을 명확히 파악할 수 있다. 이로 인해 팀 전체가 효율적으로 협력하고, 현실적인 성과를 달성할 수 있다. 팀장이 이 기법을 효과적으로 활용할 수 있다면 팀원들이 적극적으로 참여하고 목표 달성에 주도적으로 임하도록 하는 동기 부여 수단이 될 수 있다.

궁극적으로 SMART 목표 설정은 팀장이 팀의 목표를 명확하게 계획하고, 성취 가능하며 조직의 비전에 부합하는 성과를 만들어 내도록 하는 중요한 도구이다. 이러한 체계적인 목표 설정을 통해 팀원들은 효율적으로 일하고 목표 달성에 더 큰 성취감을 느낄 수 있다.

*

"팀 리더는 다른 사람들이 별로 생각하지 않는 것을 볼 수 있는 눈과, 다른 사람들이 생각하지 않는 방식으로 볼 수 있는 통찰력을 가져야 한다."
– 패트리샤 프립Patricia Fripp

세대문제 다루기
– 세대별 커뮤니케이션 전략

현대의 조직에서 세대 차이는 매년 더욱 중요한 이슈로 부상하고 있다. 기술의 급격한 변화와 사회 구조의 전환에 따라 다양한 연령대의 구성원들이 공존하면서, 팀장은 이들 간의 차이를 조율하고 생산적인 협력을 이끌어내는 리더십을 발휘해야 한다. 유명한 작가 스티븐 코비는 "우리가 소통하는 방식은 우리 삶의 질을 결정한다"라고 말했다. 이는 팀장의 소통 방식이 세대 간 갈등을 해결하고, 조직 내 생산성과 조화로운 업무 문화를 만들어내는데 중요한 역할을 한다는 점을 강조한다.

세대문제를 해결함에 있어서는 먼저, 각 세대의 특성과 그들이 조직에 가져다주는 독특한 가치를 정확히 이해해야 한다. 디지털

혁명과 함께 성장한 밀레니얼 세대와 Z세대는 기술 중심적인 사고방식과 즉각적인 피드백을 중시한다. 이들은 투명성과 참여를 높이 평가하며, 조직 내에서 자신의 목소리가 반영되는 것을 원한다. 베이비부머 세대와 X세대는 그들이 쌓아온 경험과 기존의 체계적인 업무 방식을 중요하게 여기며, 오랜 경험에서 나온 전문성과 안정성을 추구한다. 이러한 각 세대의 특징을 제대로 파악하는 것은 팀장이 각기 다른 세대의 강점을 이해하고 이를 팀 전체의 성과로 연결하는데 필수적인 첫 단계이다.

이해를 기반으로 팀장은 각 세대와 효과적으로 소통하고 그들의 의견을 경청해야 한다. 밀레니얼과 Z세대는 일방적인 지시보다 상호 간의 대화와 피드백을 선호하며, 자신이 조직 내에서 성장하고 발전할 수 있는 기회를 중요시한다. 따라서 팀장은 이들과 솔직한 대화를 나누고, 그들이 자신의 아이디어를 조직에 적극적으로 제안할 수 있는 환경을 조성해야 한다. 마하트마 간디가 "당신이 보고자 하는 변화가 되라"고 말했듯이, 팀장은 자신부터 각 세대의 의견을 열린 자세로 경청하며 수용하는 모범을 보여야 한다.

반면, 베이비부머와 X세대는 기존의 규칙과 경험을 존중하는 경향이 있어 그들의 역량을 최대한 활용할 수 있는 환경을 마련해야 한다. 이 세대는 업무에 대한 심도 있는 경험과 조직 내 네트워크를 보유하고 있기 때문에, 팀장은 그들이 조직에 기여할 수 있는 역할을 적극적으로 부여해야 한다. 프로젝트 관리나 멘토링 프로그램을 통해 이들의 풍부한 경험이 젊은 세대들에게 전수될 수 있도록 장려해야 한다. 이는 젊은 세대가 조직 내에서 성장하는데 필요한 지침을 제공하고 조직의 생산성과 팀워크를 강화하는데 도움이 된다.

세대 간 협업을 장려하는 것 역시 세대 차이를 극복하는 핵심적인 방법이다. 스티브 잡스가 "혁신은 다양한 분야의 만남에서 시작된다"고 말했듯이, 서로 다른 세대의 직원들이 협력함으로써 각자의 강점을 결합하고 혁신적인 아이디어를 창출할 수 있다. 팀장은 각 세대가 자신의 역량을 발휘할 수 있는 프로젝트나 멘토링 프로그램을 도입해 그들이 서로의 지식을 공유하고 협력하도록 독려해야 한다. 그렇게 젊은 세대는 최신 기술과 트렌드를 전달하고, 경험이 풍부한 세대는 실무적인 노하우와 조직 내 네트워크를 제공할 수 있다.

또한 팀장은 조직 내 모든 세대가 자신의 업무 방식과 선호도를 존중받을 수 있는 문화를 조성해야 한다. 업무 시간, 성과 평가 방식, 소통 채널 등에서 각 세대가 공정함을 느낄 수 있도록 유연한 정책을 마련하는 것이 필요하다. 어떤 세대는 공개적인 칭찬을 선호하고, 또 어떤 세대는 개인적인 인정을 더 선호하기 때문에 팀장은 이에 맞는 격려 방법을 찾아야 한다. 이를 통해 모든 세대가 조직 내에서 동등하게 인정받는 환경을 조성하고, 각자의 강점을 활용하도록 장려할 수 있다.

마지막으로, 세대 차이에 임하는 팀장의 자세는 개방적이고 수용적이어야 한다. 팀장은 어느 한 세대의 관점을 강요하기보다는 모든 세대의 의견과 관점을 포용하고 이를 조직의 목표에 연계하는 것이 중요하다. 각 세대의 차이를 부정적인 요소로 보는 것이 아니라 조직의 다양성으로 받아들이고, 이를 강점으로 활용하는 것이 필요하다. 팀장의 이러한 열린 자세는 모든 직원이 자신을 존중받는다는 느낌을 갖게 하고, 조직의 목표에 기여하려는 의욕을 높일 수 있다.

결국, 세대 차이를 효과적으로 다루기 위해서는 팀장이 각 세대의 특성과 관점을 이해하고 그들과 소통하며 협업을 장려하는 것이 필수적이다. 그럼으로써 팀원들이 조직의 목표에 동참하고 서로의 강점을 존중하며 협력할 수 있는 환경을 만들어야 세대 차이로 인한 갈등을 조화로운 성과로 전환할 수 있을 것이다.

    *

"팀 리더는 자신의 팀이 무엇을 할 수 있는지 알고, 그들이 그것을 달성할 수 있도록 돕는 사람이다."
— 사이먼 시넥Simon Sinek

갈등관리
- 지속가능한 성공을 위하여

       팀장은 조직의 중심에서 다양한 역할을 수행하는 중요한 리더이다. 특히 팀을 이끌면서 여러 가지 갈등 상황에 직면하게 되는 것이 흔한 일이다. 갈등은 조직의 자연스러운 부분이며 이를 효과적으로 관리하는 것은 팀장의 핵심 능력 중 하나이다. 갈등은 팀원들 간의 의견 차이, 업무 목표 충돌, 혹은 상사와의 불일치 등 다양한 형태로 나타날 수 있다. 적절한 갈등 관리는 팀의 사기와 생산성을 유지하고, 더 나아가 창의성과 혁신을 촉진하는데 도움이 된다.

  갈등 관리는 팀장의 성공에 필수적인 부분이다. 갈등이 해결되지 않고 방치되면 팀원 간의 신뢰가 손상되고, 이는 협업과 의사소통을 방해하며, 결국 업무 효율성을 저하시키게 된다. 반면에 건설적으로 해결된 갈등은 팀원들의 문제 해결 능력을 강화하고, 새로운 아이디어를 제시하며, 팀원들 간의 이해와 유대를 강화할 수 있다. 이러한 점에서 갈등 관리는 팀장이 반드시 갖춰야 할 역량이다.

갈등 관리의 첫 번째 단계는 갈등을 조기에 인식하는 것이다. 이를 위해 팀장은 팀원들의 행동과 의사소통을 주의 깊게 관찰해야 한다. 갈등의 초기 징후를 파악하면 더 큰 문제가 되기 전에 이를 해결할 기회를 얻을 수 있다. 예를 들어, 팀원들 사이에 대화가 줄어들거나 특정 이슈에 대해 서로 다른 의견을 강하게 주장하는 경우, 이는 갈등의 징후일 수 있다. 이때 팀장은 "소리 없는 문제도 들을 줄 알아야 한다"는 말처럼 작은 신호를 무시하지 않고 주의 깊게 관찰하는 것이 중요하다.

갈등을 인식한 후에는 이를 적극적으로 해결해야 한다. 이때 팀장은 갈등의 원인을 파악하고, 중립적인 자세를 유지하며, 모든 관련자들의 의견을 들을 준비가 되어 있어야 한다. "모든 문제는 대화로 풀릴 수 있다"는 말처럼 대화는 갈등 해결의 핵심 도구이다. 팀장은 모든 의견을 경청하고 이를 기반으로 문제의 핵심을 파악해야 한다. 이 과정에서 팀원들의 감정을 이해하고 공감하는 것이 중요하며, 팀원들이 자신의 의견을 자유롭게 표현할 수 있도록 지원해야 한다.

다음 단계는 갈등을 해결하기 위한 전략을 수립하는 것이다. 팀장은 팀원들의 의견을 바탕으로 해결 방안을 제시하고 이를 실행하기 위한 계획을 수립해야 한다. 이때 중요한 것은 모든 팀원이 해결 과정에 참여하고 있다는 느낌을 받게 하는 것이다. "협력은 해결의 열쇠다"라는 말처럼, 갈등을 해결하기 위해서는 모두가 함께 노력해야 한다. 팀장은 팀원들과 함께 해결 방안을 찾고 이를 실행하기 위해 협력하는 것이 중요하다.

마지막 단계는 갈등 해결 후의 후속 조치를 취하는 것이다. 팀원들의 감정이나 상황이 완전히 해결되지 않을 수 있으므로, 팀장은 이를 지속적으로 관찰하고 관리해야 한다. 또한 해결 과정에서 얻은 교훈을 바탕으로 팀의 갈등 관리 능력을 강화하는 것이 중요하다. "경험은 최고의 스승이다"라는 말처럼 갈등 해결 과정을 통해 얻은 경험은 팀의 성장과 발전에 큰 도움이 될 수 있다.

이처럼, 팀장의 갈등 관리 능력은 팀의 성공에 중요한 요소이다. 팀장은 갈등을 조기에 인식하고 이를 적극적으로 해결하며 협력을 통해 해결 방안을 찾고, 후속 조치를 취하는 등 다양한 단계를 통해 갈등을 관리할 수 있다. 이러한 과정에서 팀장은 팀원들과 상사 간의 관계를 강화하고 팀의 결속력을 높일 수 있다. "위대한 리더는 문제를 해결하는 사람이 아니라, 사람들을 함께 일하도록 만드는 사람이다"라는 말처럼, 팀장은 갈등 상황에서도 팀원들을 하나로 묶어내는 역할을 수행해야 한다.

갈등 관리는 조직의 성장과 발전을 촉진하는 중요한 과정이다. 팀장은 갈등 상황에서 냉철한 판단력과 높은 감성 지능을 발휘하여 문제를 해결하고 팀의 협력을 강화해야 한다. 그렇게 함으로써 팀은 보다 강력하고 단단한 조직으로 발전할 수 있을 것이다.

이미지 관리
– 리더십 성공의 요소

       팀장으로서 이미지를 잘 관리하는 것도 중요한 이슈다. 팀장으로서 이미지를 잘 관리하는 것은 조직의 성과를 좌우하는 중대한 요소의 하나다. 팀장은 개인의 리더십과 신뢰성을 기반으로 조직 전체의 가치와 목표를 대표하는 위치에 있다. 이는 그가 보여주는 이미지가 단순히 개인적인 성격이나 스타일을 드러내는 것에 그치지 않고, 조직의 본질을 드러내며 내외부 이해관계자들에게 조직의 진정성을 전달하는 수단이 되기 때문이다. 셰익스피어가 "좋은 평판은 영원한 유산이다"라고 한 것처럼, 팀장의 이미지는 조직 전체의 평판과 관련이 있다. 팀장으로서 이미지를 관리하는 것이 중요한 이유와 이를 어떻게 실천할 수 있는지에 대해 좀 더 깊이 생각해보자.

우선, 신뢰는 팀장이 가장 중요하게 관리해야 할 이미지이다. 믿을 수 있는 사람이라는 이미지만큼 소중한 것은 없다. 이를 위해 팀장은 일관되고 투명한 리더십을 통해 팀원들과의 신뢰를 쌓아야 한다. 이는 팀원들의 의견을 진심으로 경청하고 존중하며 공정한 의사결정을 내리는데서 시작된다. 때로는 조직에 어려운 결정을 내려야 할 때가 있지만 그때조차도 팀장이 명확한 이유를 설명하고 소통한다면 팀원들은 자신들의 리더가 신뢰할 수 있는 인물이라는 믿음을 갖게 된다. 신뢰는 시간이 지남에 따라 점차 쌓이는 것이며 사소한 약속을 지키는 것부터 중요한 전략적 판단에 이르기까지 다양한 방식으로 실현될 수 있다. 신뢰가 형성되면 팀원들은 더 자신감 있게 업무를 수행하며 조직을 위해 헌신할 수 있다.

또한 전문가로서의 프로페셔널한 이미지는 팀장이 팀을 이끌기 위해 반드시 갖추어야 할 이미지이다. 팀장은 자신의 전문성을 통해 조직의 목표를 효과적으로 달성할 수 있도록 안내하는 길잡이 역할을 해야 한다. 이를 위해서는 현재 직무에 대한 깊이 있는 지식뿐만 아니라 변화하는 산업 환경과 새로운 기술 동향에 대한 이해가 필요하다. 팀장은 능동적으로 학습하며 성장해야 하며 문제에 대한 해결 방안을 제시할 때마다 전략적이고 통찰력 있는 접근법을 취해야 한다. 전문성은 단순히 개인의 지식에만 국한되지 않고 팀원들과 함께 공유되고 강화되어야 한다. 팀장은 팀원들에게 지속적인 피드백을 제공하고, 각자의 역량을 최대한 발휘할 수 있는 기회를 만들어 주어야 한다.

소통 또한 팀장이 주의 깊게 관리해야 할 이미지의 중요한 요소이다. 팀장으로서 팀원들이 서로 활발하게 의견을 교환하고 공감대를 형성할 수 있도록 돕는 환경을 조성하는 것은 필수적이다. 팀원들의 목소리를 적극적으로 경청하고, 그들의 의견을 존중하며, 건설적인 토론을 장려함으로써 팀의 창의성과 문제 해결 능력을 높일 수 있다. 팀장은 목표 설정 과정부터 실행에 이르기까지 모든 단계에서 팀원들을 참여시킴으로써 조직의 목표에 대한 공감대를 형성해야 한다. 이렇게 형성된 공감대는 팀원들이 스스로 조직의 목표에 헌신하게 만드는 힘을 지니고 있다.

이와 함께, 팀장은 감정적 지지와 격려를 통해 팀원들의 사기를 북돋우는 이미지를 구축해야 한다. 팀원들은 리더의 격려와 인정이 자신들의 노력을 가치 있게 만든다고 느낀다. 또한 팀장은 감정적으로 고립된 팀원에게 손을 내밀고 그들의 어려움을 이해함으로써 팀원들이 조직 안에서 심리적 안정감을 느낄 수 있도록 해야 한다.

마지막으로, 팀장으로서의 이미지 관리는 자신의 행동이 팀원들에게 어떤 영향을 미치는지 항상 인식하는 것을 포함한다. 자기 자신에 대한 깊은 이해와 자기반성을 통해, 팀장은 자신의 강점을 활용하고 약점을 개선함으로써 더 효과적인 리더가 될 수 있다. 이 과정에서 팀장은 지속적으로 자신의 이미지를 모니터링하고 조정할 필요가 있으며, 이는 팀원들과의 관계, 조직 내에서의 위치, 그리고 최종적으로는 팀의 성과에 직접적으로 연결된다.

결국, 팀장의 이미지는 단순히 개인의 성격이나 능력에 의존하는 것이 아니라, 신뢰, 전문성, 소통, 감정적 지지라는 여러 요소를 조화롭게 관리하는데서 비롯된다. 이러한 요소들을 잘 관리함으로써 좋은 이미지를 갖게 되고 조직의 성장과 발전을 이끌며, 팀원들과 함께 더 큰 성공을 만들어 나갈 수 있다. 이미지를 잘 관리하는 팀장은 단순히 리더십을 발휘하는 것을 넘어, 조직의 비전과 가치를 실현하는 핵심 동력으로 작용할 것이다.

*

"리더십은 자신을 강하게 만들기 위해서가 아니라, 그 힘을 사용하여 다른 사람들을 돕고, 영감을 주고, 결과를 만들어내기 위한 것이다."
— 샤릴 샌드버그Sheryl Sandberg

품격에 대하여
- 팀장다운 언행

팀장은 팀장다운 언행과 품격을 갖춰야 한다. 팀장의 품격은 마치 영화에서 주인공의 카리스마가 관객을 사로잡는 것과 같다. 품격 있는 팀장은 자연스레 팀원들의 존경과 신뢰를 얻으며 이는 팀 전체의 분위기와 생산성을 높이는데 큰 역할을 한다. 그렇다면 팀장의 품격이 왜 중요하며, 이를 어떻게 유지하고 발휘할 수 있는지 알아보자.

팀장으로서의 언행과 품격은 단순히 개인적인 특성을 넘어서 팀의 문화와 전체 조직의 이미지에 깊이 영향을 미치는 요소이다. 리더의 행동 하나하나는 팀원들에게 모범이 되며 그들의 태도와 직무 수행 방식을 형성하는데 중요한 역할을 한다. 따라서 팀장의 언행과 품격은 단순히 개인적인 수준을 유지하는 것이 아니라, 조직 전체의 성공을 위해 필수적인 요소이다.

팀장의 언행이 중요한 이유는 첫째, 이것이 팀원들의 신뢰를 구축하는 기반이 되기 때문이다. 팀장이 존중과 공감을 바탕으로 소통하며 일관된 태도를 보일 때, 팀원들은 팀장을 믿고 그 지도를 따를 준비가 되어 있다. 예를 들어, 팀장이 언제나 침착하고 공정하게 문제에 접근하면 팀원들도 갈등 상황에서 감정적으로 대응하기보다는 논리적이고 진정성 있는 해결책을 모색하게 된다.

둘째, 팀장의 품격 있는 언행은 팀의 동기부여에 직접적인 영향을 미친다. 팀장이 긍정적이고 동기부여적인 언어를 사용하여 팀원들의 작은 성취도 인정하고 칭찬할 때, 팀원들은 더욱 열심히 일하고자 하는 동기를 갖게 된다. 반면, 부정적이거나 비판적인 언행은 팀원들의 사기를 떨어뜨리고, 이는 전체적인 성과 저하로 이어질 수 있다.

셋째, 품격 있는 언행은 조직 내외부에 대한 인상을 결정짓는다. 팀장이 외부 이해관계자와의 미팅이나 공식적인 행사에서 품격 있고 전문적인 모습을 보이면, 이는 조직의 전문성과 신뢰성을 높이는 결과를 가져온다. 이는 특히 비즈니스 파트너십이나 고객 관계에서 중요한 요소로 작용할 수 있다.

팀장의 품격을 유지하고 발휘하는 방법은 여러 가지가 있다. 첫 번째로, 자기계발에 지속적으로 투자하는 것이다. 이는 전문 지식을 갱신하고 리더십 기술을 향상시키는 교육 프로그램에 참여하는 것을 포함한다. 또한 다양한 문화적 배경이나 사회적 이슈에 대한 이해를 넓히는 것도 품격을 높이는데 중요하다. 이를 통해 팀장은 다양한 상황에서 적절하고 세련된 대응을 할 수 있다.

두 번째로, 자기반성과 자기관리는 팀장의 품격을 유지하는데 필수적이다. 팀장이 자신의 행동을 주기적으로 평가하고, 필요한 경우 스트레스 관리 기술을 배워 감정을 효과적으로 관리할 수 있어야 한다. 또한 정직하고 투명한 소통을 실천함으로써 팀원들과의 신뢰를 구축하고, 모든 행동에서 일관성을 유지해야 한다.

셋째로, 역지사지의 자세를 취하는 것도 중요하다. 팀장이 팀원들의 입장에서 생각하고, 그들의 필요와 감정을 이해하려 노력할 때, 보다 효과적으로 팀을 이끌 수 있다. 이는 공감능력을 키우고 갈등 상황에서도 팀원들을 존중하고 그들의 의견을 공정하게 다루는데 도움이 된다.

결론적으로, 팀장으로서의 언행과 품격은 팀과 조직의 건강한 문화를 형성하고, 팀원들과의 신뢰를 구축하며, 조직의 목표 달성에 결정적인 영향을 미치는 요소이다. 따라서 팀장은 자신의 언행과 품격을 지속적으로 관리하고 개선하기 위해 노력해야 하며, 이를 통해 모범이 되는 리더십을 발휘할 수 있다.

*

"품격은 그 사람의 진정한 성격을 드러내는 거울이다."
– 아브라함 링컨

팀원을 아끼고 사랑하기
- 리더십을 넘어 사랑으로

　　　　팀장으로서 팀원들을 단순히 아끼는 것을 넘어 사랑하는 것이 필요하다. 사랑? 너무 뜬금없다고 생각되는가? 이성간의 사랑을 상상하기에 그런 느낌이 드는 것이다. 사랑을 말하면, 그것은 마음 깊은 곳에서 자연스럽게 우러나야 하는 것 아니냐고 되물을지 모른다. 마음으로부터 우러나지 않는데 어떻게 사랑을 할 수 있냐고 반문할 수도 있다. 그런 이에게는 평생 동안 용기와 섬김의 리더십을 보여준 고 김수환 추기경의 말을 들려주고 싶다.

　"사랑은 감정이나 느낌이 아닙니다. 사랑은 의지입니다. 참으로 사랑하겠다는 결심에서 출발하여 그 결심을 지키는 의지로써 지속되는 것입니다."

미국의 저명한 정신의학자이자 베스트셀러 작가인 스캇 펙M. Scott Peck도 같은 말을 했다. "사랑은 의지의 행위다. 의지에는 선택이 따른다. 우리는 사랑하기로 선택하는 것이다."

그렇다. 사랑은 의지요 선택이다. 그래서 사랑은 감정이 아니라 신념으로 갖출 수 있다. 아무리 사랑이 의지요 선택이라 하더라도 미운 부하, 마음에 들지 않은 팔로워를 어떻게 사랑할 수 있냐고 항변할 수 있다. 그런 이에게는 미국 시카고의 전설적인 풋볼 코치였던 아모스 알론조 스태그Amos Alonzo Stagg의 말을 대신 전한다.

"나는 우리 선수들을 모두 똑같이 사랑한다. 그러나 그들을 모두 똑같이 좋아하지는 못한다."

명언이다. 음미할수록 팀장들이 가슴에 새겨야 할 리더십의 정수다. 좋아하는 것은 감정이지만 사랑하는 것은 의지요 신념임을 절묘하게 잘 말했다.

당신의 부하들 중에는 마음이 끌리는 사람도 있고 반대인 사람도 있을 것이다. 팔로워 모두가 좋을 수는 없다. 그건 감정의 영역이다. 그러나 모두를 사랑할 수는 있다. 사랑은 결단이고 의지이기 때문이다.

미국 농구의 전설적인 감독으로 '불패의 신화'를 이루고 미국 농구 명예의 전당에 헌액된 존 우든John R. Wooden은 평소 아모스 알론조 스태그의 저 말을 자주 인용하면서 사랑의 리더십을 강조했다. 호감이 덜 가고 더 가고를 떠나 선수 한 명 한 명을 사랑하겠노라고 다짐했다.

"사랑으로는 '모든 것'을 극복할 수는 없다. 하지만 '많은 것'을 극복할 수 있다. 리더는 팀원에 대한 사랑을 가슴 속에 품어야 한다." 그의 말이다(존 우든·스티브 제이미슨, 《88연승의 비밀》, 장치혁 옮김, 클라우드나인, 2014).

• 감정과 행위를 구분해보자

아모스 알론조 스태그나 존 우든의 주장을 실행하기 위해서는 감정과 행위를 구분해서 적용해볼 것을 권한다. "나는 우리 선수들을 모두 똑같이 사랑한다. 그러나 그들을 모두 똑같이 좋아하지는 못한다"는 말의 의미를 알 것이다. 좋아하는 것이 감정이라면, 사랑은 의지요 신념이라는 뜻도 되지만, 이것은 감정과 행위를 구분할 수 있다는 말이다.

게리 채프먼Gary Chapman은 그의 책 《5가지 사랑의 언어》(장동숙 옮김, 생명의 말씀사, 2010)에서 "전혀 없는 감정을 있다고 한다면 그것은 위선이다. 미워하는 사람에게 따뜻한 감정이 없는 것은 당연하다. 따뜻한 감정을 갖는다는 것이 비정상이다. 그러나 그를 위해 사랑의 행위를 할 수는 있다. 사랑의 감정과 사랑의 행위를 구별하면 심지어 싫은 사람도 사랑할 수 있다"고 하면서 얼마든지 상대방에게 유익하거나 만족을 주는 행위를 선택할 수 있다고 하였다. 사랑의 감정과 사랑의 행위는 다르다는 말이다

팀장도 인간이기에 상사든 동료든 또는 부하든 간에 좋아하는

사람이 있는가 하면 싫은 사람도 있게 마련이다. 왜 좋은지, 또는 왜 싫은지 분명한 이유가 있는 경우도 있지만 때로는 이유 없이 좋고 싫기도 할 것이다. 그런데도 감정과 행위를 구분하여 사랑을 하라고? 그래 사랑해야 한다. 그것은 팔로워를 위해서가 아니다. 당신 자신을 위해서다.

당신이 정말 좋은 팀장이 되려면 사람을 사랑할 수 있어야 한다. 그것은 '옳은 일'이기 때문이 아니라, 상대방과 당신에게 '유익한 일'이기 때문이다. (필 스터츠, 베리 미첼스 공저, 《툴스The Tools》, 이수경 번역, 21세기북스, 2012)

스티븐 코비는 그의 유명한 책 《성공하는 사람들의 7가지 습관》에서 상대방에게 조건 없는 사랑과 지원을 하라고 했다. 주도적으로 사랑하라고 했다. 그러면 상대방도 내가 보여준 주도적인 본보기의 영향을 느끼고 같은 방법으로 반응하게 된다는 것이다. 리더로서 감정과 사랑을 구분하며 주도적이고 적극적으로 사랑을 하면 분명히 팔로워의 반응이 나타날 것이다. 리더의 마음은 알게 모르게 상대방에게 전달되게 되어 있다. 그것이 인간관계의 원리며 크게 말하면 이 세상의 섭리다. 그걸 믿어야 한다.

오늘 하루, 함께 일하는 팔로워들을 사랑으로 대하겠다는 생각을 해보자. 심지어 꼴보기 싫은 부하까지도 말이다. 생각만이 아니라 실제로 행동에 옮겨보자. 사랑하는 마음이 없이 참된 인간관계, 참된 리더십은 어렵다. 인간애人間愛가 바탕에 깔리지 않은 리더십은 허구다. 인간애란 타인에 대한 배려요 관대함이다. 그것은 꼭 리더십만을 위해서 필요한 것은 아니다. 사랑은 타인에게보다 나 자신에게 더 기분 좋은 에너지를 만들어준다. 그것은 이 세상에서 가장 위대한 동기부여의 힘을 발휘한다. 단순히 리더의 지위를 떠나 삶 자체를 특별하게 만들어주며 풍요롭게 해준다. 나 자신을 위해서 타인을 사랑하는 것이다. 신념으로.

창의성
– 창의성을 발휘하는 법

        팀장의 역할은 조직 내에서 매우 중요하며, 그 역할은 팀을 관리하고 지시하는 것을 넘어선다. 특히, 창의성은 팀장의 핵심 역량 중 하나로, 이는 팀의 목표 달성과 지속 가능한 혁신을 이끌어내는데 필수적인 요소이다. 팀장의 창의성은 조직이 새로운 도전에 직면할 때 효과적인 솔루션을 제공하는데 도움이 된다.

    먼저, 창의성은 문제 해결과 의사 결정 과정에서 필수적이다. 조직은 종종 예기치 못한 상황이나 복잡한 문제를 마주하게 된다. 이때 팀장의 창의성은 새로운 시각에서 문제를 바라보고 독창적인 해결책을 제시하는데 도움이 된다. 예를 들어, 프로젝트가 예상보다 더딘 진행을 보일 때 창의적인 팀장은 상황을 재평가하고 새로운 접근 방식을 시도해 프로젝트의 효율성을 높일 수 있다.

더 나아가 창의성은 조직의 혁신을 촉진하는데 중요한 역할을 한다. 혁신은 조직이 경쟁력을 유지하고 성장하기 위해 필요하다. 팀장이 창의적인 사고를 통해 새로운 아이디어를 제시하면, 팀은 경쟁 우위를 확보하기 위한 새로운 제품이나 서비스를 개발할 수 있다. 예를 들어, 팀장이 기존 제품에 새로운 기능을 추가하거나 새로운 시장을 개척하는 아이디어를 제시한다면, 이는 조직의 성장에 긍정적인 영향을 줄 수 있다.

창의성은 팀의 사기를 높이는데도 기여할 수 있다. 팀원들은 자신들의 아이디어가 존중되고 사용되는 것을 보면 더 높은 동기부여를 느낄 수 있다. 팀장은 팀원들의 창의적인 노력을 인정하고, 그들의 아이디어를 실행에 옮기도록 격려해야 한다. 이렇게 함으로써, 팀원들은 자신의 아이디어가 팀의 성공에 기여하고 있음을 인식하게 되고, 이는 조직의 목표 달성에 긍정적인 영향을 미친다.

그렇다면, 팀장이 어떻게 창의성을 발휘할 수 있을까? 첫째, 팀장은 팀원들의 다양한 아이디어와 관점을 수용해야 한다. 다양성은 창의성의 중요한 원천 중 하나이다. 팀원들이 서로 다른 배경과 경험을 가지고 있다면, 다양한 아이디어가 나올 가능성이 높아진다. 팀장은 이러한 다양성을 존중하고, 팀원들이 자신의 아이디어를 자유롭게 표현할 수 있도록 장려해야 한다.

둘째, 팀장은 열린 의사소통 환경을 조성해야 한다. 의사소통이 원활한 환경에서는 팀원들이 서로 아이디어를 공유하고 협력하기 쉽다. 팀장은 팀원들과의 정기적인 회의와 대화를 통해 아이디어를 교환하고, 새로운 시도를 지지하는 문화를 조성해야 한다. 그렇게 되면 팀원들은 두려움 없이 창의적인 아이디어를 제시할 수 있다.

셋째, 팀장은 팀원들에게 도전적인 과제를 부여해야 한다. 도전적인 과제는 팀원들의 창의성을 자극하는 요소이다. 팀장은 팀원들이 자신의 역량을 최대한 발휘할 수 있는 과제를 부여하고, 이를 통해 새로운 아이디어를 얻을 수 있도록 지원해야 한다. 예를 들어, 팀원들이 현재의 업무에서 벗어나 새로운 프로젝트를 진행하도록 장려한다면, 이는 창의성을 촉진할 수 있는 좋은 방법이다.

넷째, 팀장은 실패를 수용하는 문화를 조성해야 한다. 창의적인 시도는 종종 실패로 이어질 수 있다. 그러나 이러한 실패는 학습과 성장을 위한 중요한 기회이다. 팀장은 실패를 두려워하지 않고, 실패를 통해 얻은 교훈을 활용하는 문화를 조성함으로써 팀원들은 새로운 시도를 두려워하지 않고, 창의적인 아이디어를 제시할 수 있다.

마지막으로, 팀장은 지속적인 학습을 장려해야 한다. 창의성은 새로운 지식과 경험에서 비롯된다. 팀장은 팀원들이 다양한 분야에서 지식을 습득하고 경험을 쌓을 수 있도록 지원해야 한다. 이를 통해 팀원들은 새로운 아이디어를 얻고, 이를 팀의 목표 달성에 활용할 수 있을 것이다.

이렇듯, 팀장의 창의성은 팀의 목표 달성과 지속 가능한 혁신에 중요한 요소이다. 팀장은 팀원들의 다양성을 존중하고, 열린 의사소통 환경을 조성하며, 도전적인 과제를 부여하고, 실패를 수용하는 문화를 조성하며, 지속적인 학습을 장려함으로써 창의성을 발휘할 수 있다. 이러한 창의성은 팀의 성장을 촉진하고, 조직의 경쟁력을 강화하는데 큰 도움이 될 것이다.

창의성을 발휘하여 아이디어를 내는 법

창의성을 발휘하여 아이디어를 내는 것은 종종 어려운 과제처럼 느껴지지만, 몇 가지 접근법을 활용하면 더욱 효율적으로 할 수 있다. 창의성을 촉진하고 아이디어를 생성하는 몇 가지 방법을 설명한다.

1. 환경 조성: 창의적인 아이디어는 적절한 환경에서 잘 나올 수 있다. 편안하고 자극적인 환경을 조성하여 창의력을 높이는 것이 중요하다. 이 환경에는 자연광, 음악, 적당한 온도, 영감을 줄 수 있는 오브제 등이 포함될 수 있다.

2. 브레인스토밍: 브레인스토밍은 집단이나 개인이 자유롭게 아이디어를 제시하는 방식이다. 이 과정에서는 모든 아이디어를 일단 수용하고, 그 후에 평가를 하는 것이 중요하다. 브레인스토밍을 할 때는 아이디어를 낸 것을 비판하거나 평가하지 않고, 가능한 한 많은 아이디어를 내는데 집중해야 한다.

3. 마인드맵: 마인드맵은 중심 주제에서 관련된 아이디어를 확장시켜

나가는 시각적 도구이다. 이 방법을 통해 생각을 체계화하고 새로운 연관성을 발견할 수 있다.

4. 리서치와 영감: 새로운 아이디어를 얻기 위해서는 관련 주제에 대한 연구와 주변 환경에서 영감을 얻는 것이 중요하다. 책, 기사, 자연, 예술작품 등을 통해 영감을 얻을 수 있다. 새로운 분야를 탐험하고 다양한 주제에 노출되면 창의성이 향상될 수 있다.

5. 도전적인 문제 해결: 도전적인 문제를 해결하려고 시도하는 과정에서 새로운 아이디어가 나올 수 있다. 문제를 다른 각도에서 바라보고, 여러 가지 해결책을 모색하는 것이 중요하다.

6. 휴식과 산책: 종종 휴식이나 산책은 창의적인 사고를 촉진하는데 도움이 된다. 특히 자연 속에서의 산책은 마음을 편안하게 하고 새로운 시각을 제공할 수 있다.

7. 일상에서의 변화: 일상에서 작은 변화를 주는 것만으로도 새로운 아이디어를 얻는데 도움이 된다. 일상적인 루틴을 깨고 새로운 경험을 추구하면 새로운 관점을 얻을 수 있다.

전략적 사고
– 조직 전체를 성공으로 이끌기

　　　　　　팀장이 됐으면 전략적 사고에 능숙해야 한다. 팀장은 조직의 목표를 향해 나아가는 이정표를 제시하는 역할을 하기 때문에 전략적 사고 능력은 필수적이다. 전략적 사고란 단순한 단기적 계획이 아니라 조직의 장기적 방향을 예측하고 변화에 유연하게 대응할 수 있는 계획을 수립하는 과정이다. 이 능력은 조직이 급격히 변화하는 시장 상황 속에서 번영을 유지할 수 있도록 돕는다. 고대 중국의 전략가 손자는 "전략 없이 전투에 뛰어드는 것은 패배를 의미한다"라고 말했다. 이는 전략적 사고가 모든 전장에서 필수적인 것처럼 조직의 경쟁에서 승리하기 위해 팀장이 반드시 갖춰야 하는 자질임을 강조한다.

　　전략적 사고의 중요성은 조직 전체의 성과와 연관된다. 팀장은 현재 시장의 흐름과 조직 내부의 역량을 잘 파악해 미래를 내다보는 시각을 가져야 한다. 그래야만이 팀을 단기적인 목표에 매몰되지 않고 전체적인 방향을 잡아 갈 수 있도록 이끄는 것이다. 전략적 사고는 팀원들이 자신들이 어떤 목표를 향해 나아가고 있는지, 이 목표가 조직의 큰 그림에서 어떻게 기여하는지를 이해하는데 도움이 된다. 이는 팀원들이 업무에 더욱 동기를 부여받아 헌신적으로 일하게 만드는 효과를 가져온다.

전략적 사고 능력을 기르기 위해서는 몇 가지 중요한 단계가 있다. 첫째로, 팀장은 정보 수집 능력을 키워야 한다. 마치 전쟁의 승리를 위해 적의 동향을 파악하는 것이 중요하듯이, 조직의 경쟁력을 높이기 위해 시장 동향과 경쟁사의 움직임을 면밀히 관찰하는 것이 필수적이다. 정보 수집은 정확하고 신뢰할 수 있는 자료를 통해 다양한 측면을 이해하고 분석하는 것을 의미한다.

둘째로, 팀장은 분석적 사고 능력을 갖춰야 한다. 정보가 충분히 수집되면 이를 분석하여 조직이 직면한 기회와 위협을 파악하고 조직의 강점과 약점을 명확히 해야 한다. 이 과정에서 팀장은 다양한 의견을 청취하고 새로운 관점을 고려하며 다양한 시나리오를 예측해야 하며, 팀은 어떠한 상황에서도 대응할 수 있는 탄력적인 전략을 세울 수 있다.

셋째로, 팀장은 협력과 소통을 통한 전략 실행에 집중해야 한다. 아서 쇼펜하우어는 "위대한 아이디어는 혼자서 세상에 나오지 않는다"라고 말했다. 훌륭한 전략이라도 실행을 위한 협력이 없다면 성과를 낼 수 없다. 팀장은 자신의 전략적 비전을 팀원들에게 명확히 전달하고 그들이 이를 이해하고 실행하도록 해야 한다. 이를 위해 팀원들과 긴밀한 소통을 유지하고 피드백을 적극적으로 수용하며, 전략적 목표에 맞는 업무 분담을 통해 효율적으로 팀을 이끌어야 한다.

마지막으로, 팀장은 유연성을 갖추어야 한다. 시장의 흐름은 예측 불가능하게 변할 수 있기 때문에, 전략적 계획이 수립된 후에도 상황에 따라 수정하고 적응할 수 있는 유연성이 중요하다. 이를 위해 팀장은 지속적으로 시장을 모니터링하고, 변화에 맞춰 전략을 재평가하고 개선해야 한다. 이렇게 하면 조직은 예상치 못한 변화에도 대비할 수 있으며, 장기적으로 경쟁력을 유지할 수 있다.

전략적 사고는 리더의 리더십과 직결된 능력이다. 팀장이 미래를 내다보고 유연하게 계획을 세우며, 이를 팀원들과 함께 실행할 때 조직은 성공을 향해 한 걸음 더 나아갈 수 있다. 따라서 전략적 사고 능력을 기르는 것은 팀장으로서의 중요한 과제일 뿐만 아니라 조직의 장기적인 성장과 번영을 위한 필수적인 노력이다.

전략적 사고능력을 개발하는 법

1. 전체적인 시각을 갖추기:팀장으로서 전략적 사고를 기르기 위해서는 전체적인 시각을 갖추는 것이 중요하다. 이를 위해 팀과 조직, 업계, 시장에 대한 깊은 이해가 필요하다. 각 분야에서 일어나는 트렌드와 변화를 파악하고 조직의 미션과 비전과 어떻게 연관되는지를 이해하는 것이 좋다.

2. 데이터 기반 의사결정: 전략적 사고는 데이터에 기반한 의사결정을 포함한다. 중요한 의사결정을 내릴 때는 관련 데이터를 수집하고 분석하여 근거를 마련하는 것이 중요하다. 데이터 분석 역량을 향상시키고 관련 도구와 기술을 익히는 것도 도움이 된다.

3. 장기적인 관점 유지: 전략적 사고는 단기적인 목표보다는 장기적인 목표를 고려하는 능력과 관련이 있다. 조직의 미래를 내다보고 장기적인 성과를 위한 전략을 수립하는 것이 중요하다. 이를 위해 주기적으로 미래 시나리오를 만들어보고 가능한 위험과 기회를 평가하는 연습을 해볼 수 있다.

4. 팀 구성원과의 의사소통: 팀장으로서 팀원들과 효과적으로 의사소통하는 능력은 전략적 사고에 필수적이다. 팀원들의 의견을 듣고 그들의 인사이트를 전략에 반영하는 것이 중요하다. 열린 커뮤니케이션 문화를 조성하고 정기적으로 피드백을 주고받는 것이 도움이 된다.

5. 혁신 추구: 전략적 사고에는 혁신적인 접근을 시도하는 것이 포함

된다. 새로운 아이디어를 도입하거나 기존 방식을 개선하는 방법을 찾는 것이 중요하다. 팀 내에서 실험적이고 창의적인 아이디어를 시도할 수 있는 환경을 조성하는 것이 좋다.

6. 역할 모델 찾기: 전략적 사고 능력을 향상시키기 위해서는 훌륭한 전략가로 알려진 인물이나 멘토를 찾는 것이 도움이 된다. 그들의 사고방식과 접근법을 배우고 이를 자신에게 적용해볼 수 있다.

7. 지속적인 학습: 전략적 사고는 지속적인 학습을 통해 발전할 수 있다. 책을 읽거나 강의를 듣거나 관련 세미나에 참석하는 등, 지속적으로 새로운 지식을 습득하는 것이 중요하다. 또한 다른 업계나 분야에서 일어나는 일에 관심을 갖고 배움을 확장하는 것도 도움이 된다.

동기부여 능력
– 업무에 열정을 갖게 하기

　　　　팀장으로서 팀원들을 지속적으로 동기부여하는 능력은 조직의 성공을 위해 꼭 필요한 요소일 뿐만 아니라, 팀원들이 업무에 열정을 가지고 참여하게 만들며, 창의적이고 적극적인 태도를 유지하도록 하는데 도움을 준다. 동기부여는 팀원들이 자신의 능력을 최대한 발휘할 수 있도록 격려하고, 조직이 목표를 달성하는 기반을 마련해준다. 프랑스 작가 앙드레 지드는 "우리는 자기 자신이 해낼 수 있다고 믿는 만큼만 해낼 수 있다"라고 말했듯, 동기부여는 팀원들에게 자신이 무엇을 이룰 수 있는지 믿게 하는 힘을 제공하여, 더 높은 성과를 낼 수 있게 한다.

　동기부여의 중요성은 팀의 사기와 성과에 큰 영향을 미치기 때문에, 팀장은 이를 전략적으로 관리해야 한다. 팀원들이 동기를 잃으면 업무에 소홀해지고 조직의 목표와 성과에 부정적인 영향을 미치게 된다. 반면에 동기부여된 팀원들은 어려운 과제에 직면해도 긍정적인 태도로 해결책을 찾아내며 다른 팀원들과 협력하여 효율적으로 업무를 수행한다. 따라서 팀장은 효과적인 동기부여 전략을 통해 팀원들이 조직의 목표와 자신의 목표를 일치시키고, 스스로 성장할 수 있는 기회를 제공해야 한다.

효과적인 동기부여를 위해 팀장이 할 수 있는 첫 번째 단계는 팀원들의 개인적 목표와 관심사를 파악하는 것이다. 모든 팀원들은 각자 고유한 동기와 열정을 가지고 있기 때문에, 이들의 요구에 부응하는 맞춤형 동기부여 전략이 필요하다. 예를 들어, 어떤 팀원은 인정과 보상을 통해 동기를 얻고, 또 다른 팀원은 학습과 발전의 기회를 통해 동기부여를 받는다. 팀장은 개개인의 동기 요소를 파악하기 위해 정기적인 대화와 피드백 세션을 마련해야 한다. 이를 통해 팀원들이 자신이 중요하게 생각하는 목표에 집중하도록 유도할 수 있다.

또한 팀원들에게 명확한 목표를 제시하는 것도 중요하다. 목표는 팀원들에게 자신이 무엇을 위해 일하는지 이해하게 해주는 중요한 역할을 한다. 목표는 구체적이고 실현 가능해야 하며, 도전적인 수준으로 설정되어야 한다. 목표를 달성할 때 팀원들은 성취감을 느끼고 이는 추가적인 동기부여로 이어집니다. 목표 설정 과정에서 팀원들을 참여시켜 그들의 의견을 수렴하면, 팀원들은 더 깊이 목표에 공감하고 주인의식을 가지게 된다.

이와 더불어, 팀장은 지속적인 피드백을 통해 팀원들이 어떤 부분에서 잘하고 있는지, 어디를 개선해야 하는지를 명확히 알려주어야 한다. 피드백은 정기적으로 제공되어야 하며, 긍정적인 측면을 강조해 팀원들의 노력이 인정받고 있음을 보여줘야 한다. 그럼으로써 팀원들은 자신의 성과를 확인하며 앞으로 더 발전할 수 있는 방향을 찾게 된다. 피드백은 비판이 아니라 팀원의 성장을 돕는 도구로 사용되어야 한다.

팀의 사기를 높이기 위해 팀원들 간의 협력과 지원을 촉진하는 것도 중요하다. 팀원들이 서로의 성취를 축하하고, 어려움을 겪을 때 도움을 주고받는 환경을 조성하면 자연스럽게 동기부여가 높아지게 된다. 팀장은 협력을 장려하는 프로젝트를 기획하거나, 팀원들 간에 지식과 경험을 공유할 수 있는 기회를 마련해 이러한 환경을 구축해야 한다. 또한 정기적으로 팀 빌딩 활동을 통해 팀원들이 서로를 더 잘 알게 하고 신뢰를 쌓게 하면, 이들이 업무에서 더 높은 동기를 가지도록 도울 수 있다.

마지막으로, 팀장은 팀원들에게 성장과 발전의 기회를 제공해야 한다. 사람들은 새로운 것을 배우고 자신을 향상시키는 과정에서 동기를 얻는다. 팀원들이 지속적으로 배우고 성장할 수 있는 훈련과 교육 기회를 제공하고, 이들의 경력 목표를 지원해 주는 것이 중요하다. 팀장은 이를 위해 팀원들과 정기적으로 대화하여 그들의 목표를 이해하고, 이를 달성할 수 있는 방법을 함께 모색해야 한다. 이를 통해 팀원들은 조직의 일부로서 자신의 가치와 성장을 느낄 수 있게 된다.

결국, 팀장이 팀원들에게 지속적으로 동기를 부여하는 능력은 팀 전체의 성과를 향상시키는데 필수적이다. 개인별로 맞춤화된 접근을 통해 팀원들의 목표를 파악하고, 이들을 인정하고 지원하며, 협력을 촉진하는 환경을 조성하는 것이 중요하다. 이런 방식으로 팀원들이 조직의 목표와 자신들의 목표를 일치시키고, 성취감을 느끼며 더 높은 성과를 이루어낼 수 있도록 하는 것이 팀장의 핵심 과제이다. 이러한 노력을 통해 팀장은 조직의 성장과 성과에 중요한 기여를 할 수 있으며, 팀원들과 함께 더 큰 성공을 만들어 나갈 수 있다.

*

"회사의 성공은 단지 숫자나 결과물에 있지 않다. 사람들이 함께 일하고자 하는 환경을 만드는 것이 진정한 성공의 열쇠이다."
– 리처드 브랜슨Richard Branson

위기관리 능력
– 위기상황일 때 능력을 알아본다

사람의 능력은 위기상황일 때 알아볼 수 있다. 그런 의미에서 위기관리 능력은 팀장의 핵심 역량 중 하나라 할 수 있다. 예상치 못한 상황이나 위기에서 침착하게 대처하는 능력은 신속하고 효과적인 의사 결정을 가능하게 하며, 팀원들을 안정시키고 조직의 손실을 최소화하는데 중요한 역할을 한다. 이러한 위기관리 능력을 향상시키기 위해서는 다양한 요소를 고려해야 한다.

먼저, 팀장은 위기상황에 대비한 계획을 세워야 한다. 이는 조직의 다양한 리스크를 파악하고, 해당 위험이 발생했을 때 대응할 수 있는 방안을 마련하는 것을 포함한다. 팀장은 조직의 리스크 프로파일을 이해하고, 이에 맞는 대응 전략을 세우는 과정에서 팀원들의 의견을 적극적으로 수렴해야 한다. 이러한 사전 계획은 위기상황에서 혼란을 줄이고 신속한 대응을 가능하게 해준다. 벤저민 프랭클린은 "미리 대비하지 않는다면 대비하지 못한 것과 같다"라는 말을 했는데, 이는 사전 계획의 중요성을 강조하는 것이다.

위기상황이 발생했을 때 팀장은 침착하게 상황을 평가해야 한다. 이 평가과정에서는 상황의 심각성을 파악하고, 즉각적인 조치가 필요한 부분을 식별해야 한다. 이때, 팀장은 정확한 정보 수집과 분석을 통해 상황을 명확히 이해하는 것이 중요하다. 이를 바탕으로 신속하고 효과적인 의사 결정을 내려야 한다. 신속하면서도 정확한 판단은 위기상황에서의 혼란을 줄이고 조직의 안정성을 높이는데 도움이 된다. 전설적인 경영자 피터 드러커는 "결정을 내리지 않는 것은 가장 큰 위험이다"라는 말을 했다. 이는 위기상황에서 결단력이 중요하다는 점을 나타낸다.

팀장은 위기상황에서 팀원들에게 명확한 지침을 제공해야 한다. 이는 혼란을 줄이고 팀원들이 올바른 방향으로 움직이도록 돕는데 중요하다. 팀장은 명확하고 간결한 의사소통을 통해 팀원들이 상황을 이해하고 대응 방안을 실행할 수 있도록 해야 한다. 이를 위해 팀장은 복잡한 상황에서도 간결한 의사소통을 유지하고, 중요한 정보를 전달하는데 주력해야 한다. 존 에프 케네디는 "명확하고 단순한 지시를 내리는 것은 지도자의 중요한 의무 중 하나"라고 말했다.

위기상황에서 팀원들을 안정시키는 것은 팀장의 또 다른 중요한 역할이다. 이는 팀원들의 불안감을 줄이고, 그들이 업무에 집중할 수 있도록 돕는다. 팀장은 팀원들의 감정을 이해하고, 그들의 우려를 진정시키는데 노력을 기울여야 한다. 이를 위해 팀장은 팀원들과 열린 커뮤니케이션을 유지하고, 그들의 의견과 감정을 존중하는 것이 중요하다. 또한 팀원들에게 필요한 지원을 제공하고, 그들이 느끼는 스트레스를 경감시키는데 노력해야 한다. 오스카 와일드는 "감정은 힘이다. 그것을 이해하고 활용하는 사람은 모든 것을 얻을 수 있다"라고 말했다.

위기관리 과정에서 팀장은 상황을 지속적으로 모니터링하고, 필요에 따라 전략을 조정해야 한다. 위기상황은 예측할 수 없고, 상황이 변할 수 있기 때문에 팀장은 상황에 유연하게 대응해야 한다. 이를 위해 팀장은 상황을 지속적으로 모니터링하고 새로운 정보에 따라 전략을 조정하는 능력을 갖추어야 한다. 이는 위기상황에서 조직의 적응력을 높이고 변화하는 상황에 신속하게 대응하는데 도움이 된다. 찰스 다윈은 "강한 자가 살아남는 것이 아니라, 변화에 가장 잘 적응하는 자가 살아남는다"라고 말했는데, 이는 변화에 유연하게 대처하는 능력이 중요하다는 것을 강조한다.

마지막으로, 팀장은 위기상황을 통해 학습하는 자세를 가져야 한다. 위기가 끝난 후에는 상황을 평가하고, 향후에 대비할 수 있는 개선 방안을 마련함으로써 팀장은 위기관리 능력을 지속적으로 향상시킬 수 있다. 이러한 평가와 학습 과정은 미래의 위기상황에서 조직의 대응 능력을 향상시키는데 도움이 된다. 이와 관련해 윈스턴 처칠은 "실패는 끝이 아니다. 중요한 것은 계속 전진하는 것이다"라고 말했다.

위기관리 능력은 팀장이 조직을 안정적으로 이끌고, 손실을 최소화하는데 중요한 역할을 한다. 이러한 능력을 개발하고 향상시키는데 노력하는 것은 팀장으로서 성공적인 리더십을 발휘하는데 도움이 될 것이다. 이를 위해서는 사전 계획, 침착한 평가, 명확한 의사소통, 팀원 안정화, 상황 모니터링, 그리고 학습이라는 요소를 잘 조화시켜야 한다. 이러한 요소들은 팀장이 위기상황에서 효과적으로 대처하고 조직을 성공으로 이끌 수 있도록 돕는다.

팀원들이 팀을 떠난다면
– 팀장이 되돌아볼 것들

팀원들이 하나둘씩 팀을 떠난다고? 그렇다면, 이는 팀장에게 심각한 문제가 있다는 경고 신호로 받아들여져야 한다. 조직에서 중요한 자산인 팀원들이 떠난다는 것은 단순한 인력 손실을 넘어, 그 원인에 따라 팀 내부의 사기 저하, 생산성 감소, 비용 증가 등 여러 문제로 이어질 수 있다. 심하면 팀이 무너지고 있다고 해도 과언이 아니다. 영국의 작가 버나드 쇼는 "사람들은 회사를 떠나지 않는다. 그들은 상사를 떠난다"라고 했다. 이는 팀원들이 떠나는 것이 팀장과의 관계 및 리더십 문제에서 기인할 가능성이 높음을 보여준다.

팀원들이 조직을 떠나는 첫 번째 이유는 인정받지 못하는 느낌이다. 인간은 기본적으로 자신이 기여하는 바에 대해 인정받고 싶어 한다. 그러나 팀장의 무관심이나 일방적이고 비판적인 피드백은 팀원들에게 좌절감을 안겨준다. "한마디 칭찬이 하루를 밝힌다"라는 말이 있듯이, 팀장은 팀원들의 성과와 노력을 진심으로 인정하고 격려해야 한다. 칭찬과 보상은 성과의 크기에 상관없이 팀원들의 동기부여를 높이는 가장 강력한 도구이다.

두 번째로, 성장 기회의 부족도 팀원들의 이탈 원인 중 하나이다. 팀원들은 스스로 발전하고자 하는 욕구가 있다. 그러나 팀장이 이들의 성장 욕구를 무시하거나, 조직 내에서 그들이 발전할 수 있는 길을 제시하지 못한다면 그들은 더 좋은 기회를 찾아 떠날 것이다. 팀장은 정기적으로 팀원들과 목표에 대해 이야기하고, 그들의 커리어 발전을 지원하는 방법을 함께 고민해야 한다. 이는 교육과 훈련 기회를 제공하거나 새로운 프로젝트에 참여하게 하는 등의 방법으로 가능할 것이다.

세 번째 이유는 업무와 사생활의 균형이 깨진 경우이다. 과도한 업무로 인해 팀원들이 사적인 시간을 갖지 못한다면, 그들은 결국 다른 곳에서 새로운 균형을 찾을 것이다. 팀원들은 각자의 삶에서 중요한 부분들을 누릴 수 있어야 한다. 팀장은 팀원들이 자신의 업무와 사생활을 조화롭게 유지할 수 있는 환경을 조성해야 한다. 유연한 근무시간, 재택근무, 충분한 휴가 등의 지원을 통해 팀원들의 스트레스를 줄이고, 이들이 더 충만한 생활을 누릴 수 있게 해야 한다.

네 번째로, 부정적인 조직 문화 역시 팀원들의 이탈을 촉진할 수 있다. 만약 팀 내에 신뢰나 소통이 부족하거나, 불공정한 대우가 만연하다면 팀원들은 자신을 보호하기 위해 다른 기회를 찾게된다. 이런 조직 문화는 팀장이 빠르게 해결해야 할 우선 과제이다. "모든 성공은 팀에서 시작되고 끝난다"라는 말이 있듯이, 팀장은 신뢰와 협력이 이루어지는 조직 문화를 조성해야 한다. 팀원 간의 협업을 촉진하고, 공정한 업무 환경을 만들며, 모두가 자유롭게 의견을 표현할 수 있는 분위기를 조성해야 한다.

팀원들이 떠나기 시작하면 팀장은 첫째로, 자신이 무엇을 잘 못하고 있는지 진지하게 돌아봐야 한다. 문제의 심각성을 모르고 "떠날 테면 떠나라"는 식으로 팀장을 한다면 그의 앞날은 뻔하다. 무엇보다도, 팀장은 팀원들에게 떠나는 이유를 직접 묻고 그들의 피드백을 받아들여야 한다. 이때 가장 중요한 것은 방어적 태도를 버리고 열린 마음으로 듣는 것이다. 팀원이 떠난다고 해서 끝난 것이 아니라, 그들의 경험을 통해 팀의 문제를 개선하는 것이 중요하다. 팀원들이 왜 떠나는지 알면 그에 맞는 대응책을 세울 수 있다.

두 번째로, 팀장은 남은 팀원들에게 주인의식을 부여해야 한다. 떠난 팀원들의 공백을 메우기 위해 남은 팀원들에게 과도한 업무를 부여하면 오히려 그들도 떠날 가능성이 커진다. 대신, 남은 팀원들이 팀에 헌신하고 주인의식을 가질 수 있도록 동기를 부여해야 한다. 이를 위해 목표를 함께 설정하고, 그들의 의견을 존중하며, 실질적인 기여를 할 수 있는 기회를 주어야 한다.

마지막으로, 팀장은 적극적으로 기존 팀원들의 사기를 높이기 위한 노력을 기울여야 한다. 조직 내에서 가장 중요한 것은 사람이다. 새로운 팀원을 찾는 것도 쉬운 일이 아니지만 기존 팀원을 심기일전하여 잘 관리하고 유지하는 것 또한 중요하다. 팀원들의 요구를 잘 파악하여 그들이 계속해서 조직에 머무르며 성장할 수 있도록 지원해야 한다.

결국, 팀원들의 이탈은 팀장의 리더십을 반영하는 거울과 같다. 이탈의 원인을 정확히 파악하고 그에 대응하기 위해 팀장은 열린 마음으로 팀원들의 의견을 수용하고, 긍정적인 조직 문화를 구축하며, 모든 팀원이 함께 성장할 수 있는 환경을 만들어야 한다. 그렇게 할 때 팀은 비로소 안정된 기반 위에서 더욱 크게 발전할 수 있을 것이다.

*

"모든 팀원이 동일한 방향을 향해 나아갈 때, 리더십은 성공을 달성하는데 있어 가장 큰 역할을 한다."

— 스티브 잡스

정치력
– 불가능을 가능으로 만드는 예술

팀장이 정치를 하라고? 너무 거창하게 생각할 필요 없다. 당연히 정치를 해야 한다. 자신을 위해서도 그렇고 팔로워를 위해서도 그렇다. 직장에 정치가 존재한다면 의아해 할 것이다. 그러나 당연히 존재한다. 그것이 있는 줄을 모르거나 없다고 생각하는 사람은 세상의 이치, 직장의 메커니즘을 몰라도 한참 모르는 것이요 좋게 말하면 순진한 사람이다. 반면에, 험하게 말하면 그런 사람이 직장에서 권력(?)을 잡거나 더 높은 자리로 올라갈 확률은 매우 낮다.

정치를 하라니 묵묵히 자기 일만 잘하면 모든 일이 잘될 거라고 믿는 사람에게는 청천벽력 같은 소리일 것이다. 실력과 성실이 최고의 경쟁력이라고 확신하는 사람은 이 순간 책을 덮으려 할지 모르겠다. 맞다. 실력과 성실이 최고의 경쟁력이라는 말 자체는 틀린 말이 아니다. 그러나 그것만으로는 2% 부족하다.

2% 정도의 비중이라면 무시하겠다고? 세상일이란 2%가 나머지 98%보다 더 영향력이 클 수도 있다. 그래서 '정치'다. "바둑의 고수에게 있어서 98%의 수는 정해진 수요, 나머지 2%의 수에서 승패가 결정난다"는 금언을 곱씹어볼 필요가 있을 것이다.

물론, 회사 내에서의 정치란 정치인들이 하는 그것과는 다르다. 사내정치Office Politics, 비즈니스 정치를 말하지만 세상의 어느 기업도 그것을 공식적으로 인정하지는 않는다. 예컨대 직원조회나 회의에서 직원들에게 정치를 하라고 일갈해대는 CEO는 없다. 사내정치를 해야 승진에 유리할 것이라고 말하는 인사권자도 없다. 묵묵히 자기가 맡은 바 소임을 다하면 회사가 다 알아서 해준다고 말한다. 그러나 그 CEO에게 되묻고 싶다. 그렇게 말하는 그 사람 자신은 과연 그 자리에 오르기까지 정말 그렇게 했는지를.

사내정치는 필요악이다. 이와 관련하여 마셜 비즈니스 스쿨의 경영학 교수이며 설득과 협상 그리고 정치학의 전문가인 캐서린 K. 리어돈Kathleen K. Reardon 박사는 그의 책《성공한 사람들의 정치력 101It's All Politics》에서 "어떤 직업이든 간에 업무 능력이 어느 수준에 오르고 나면 그 다음부터는 정치가 성공을 좌우한다. 그 지점에 이르면 실제로 모든 일이 정치로 이루어진다. 실력 있는 똑똑한 사람들이 자신의 아이디어를 지원해줄 결정적인 힘을 얻지 못하여 정치력이 능수능란한 동료들에게 자리를 내주는 것이 오늘날 직장에서 매일 벌어지는 풍경이다"라고 말했다.

• 사내정치의 핵심

그럼, 정치란 무엇인가? 사내정치의 핵심은 무엇인가? 사람에 따라 다르게 말할 것이다. 누구나 자기의 창문을 통해 세상을 보기 마련이니까? 여기서 세 가지만을 강조하려 한다.

첫째, 정치란 설득이다. 여기서의 설득이란 협상이나 홍보를 포함하는 개념이다. 얼마만큼 당신이 상사와 동료, 부하를 설득할 수 있느냐가 정치력의 바로미터라 할 수 있다. 캐서린 K. 리어돈 역시 "정치력의 핵심은 설득이다"라고 단언했다. 이것은 사내정치든 일반정치든 마찬가지다.

'설득'이라면 우리들의 머릿속에는 상대와 마주앉아 말로서 상대를 내게 끌어들이려는 행위를 떠올리게 된다. 언어적 커뮤니케이션을 생각한다. 설득은 그것만이 아니다. 예를 들어 당신이 얼마나 일을 통해 회사에 공헌했는지를 경영진에 알리는 홍보도 설득이요, 더 성장하는 간부로서의 자격이 있음을 바르게 알리는 것 또한 설득이다.

정치란 홍보다. 묵묵히 자기일만 잘하면 된다고? 천만의 말씀. 홍보하지 않으면 남들이 당신을 절대로 알 수 없다. 사내 정치란 대체로 '내 존재가치, 내 필요성을 상대에게 각인시키는 행위'다.

금의야행錦衣夜行이라는 말이 있다. 직역하면 '비단 옷을 입고 밤

길을 걷는다'는 의미가 되지만 '비단 옷을 입었으면 밤길을 걷지 말라'는 권고이기도 하다. 금의야행은 흔히 '홍보'의 필요성을 말할 때 인용되는데, 정치력을 발휘하는데도 제격인 사자성어다.

당신이 기획한 대형 프로젝트나 아이디어를 회사가 실행할 수 있도록 하는 것도 결국은 설득이다. 아무리 좋은 기획안을 만들고 기발한 아이디어를 내놓으면 뭐하는가? 그것이 채택되지 않으면 허사다. 돈키호테가 될 수도 있다. 기획이나 아이디어는 채택되고 실행될 때 가치가 있다. 따라서 아이디어를 담아 기안을 하고 결재를 받는 행위 자체가 설득이요 크게 보면 정치라는 말이다. 경영진의 편협한 생각과 옹고집 때문에 당신의 기막힌 아이디어가 빛을 보지 못하고 사장됐다고? 그렇다면 그것은 상사의 편협한 생각과 옹고집을 깨뜨릴 수 있는 당신의 협상력, 즉 설득력이 부족해서다. 결국 정치력의 결핍에 다름 아니다.

두 번째로, 정치는 관계다. 아리스토텔레스의 말을 빌리지 않더라고 '인간은 정치적 동물'이다. 그런데 인간이라는 단어가 묘하다. 그것을 한문으로 쓰면 인간人間이 되는데 그 한자표기에서 보듯 그 단어에는 관계의 의미가 함축되어 있다. 즉 인간은 관계의 동물이며 그러기에 정치적일 수밖에 없다. 관계란 곧 정치를 말하니까.

앞에서 이야기한 대로 당신이 기획한 대형 프로젝트나 아이디어를 회사가 실행할 수 있도록 설득한다고 치자. 그런데 당신의 논리나 주장이 워낙 타당성이 있고 설득의 기술이 뛰어나기 때문에 설득되는 경우도 있지만, 때로는 그 프로젝트나 아이디어를 심사 또는 채택할 권한이 있는 사람과의 '관계'가 작용하여 채택되기도 한다. 그래서 인간관계와 인맥형성이 중요하다고 하는 것이다.

셋째로 정치란 유연함이다. 정치라면 흔히 협상을 떠올리는데 협상을 한다는 것이 무엇을 의미하는가? 자신의 주장과 원칙만을 고집할 때 협상이 될 수는 없다. 그래서 정치라면 퍼뜩 떠오르는 단어의 하나가 로비lobby, 즉 막후교섭이다. '막후교섭'이라는 것이 무엇인가? 원칙에의 집착은 아니다. 그렇다면 구태여 '막후'에서 할 이유가 없다. 밝은 곳, 전면에서 당당히 하면 될 것이다. 그런데 그렇게 해서 협상과 설득이 안 되니까 어두운 곳, 막후에서 하는 것 아닌가. 따라서 막후란 곧 유연성의 다른 이름이라 할 수 있다.

협상이란 유도리(ゆとり ; 우리말로 '여유'라고 해석하지만 '정치'와 관련해서 '유도리'의 어감을 따라갈 우리말이 없는 것 같다)다. 여유요 유연성이다. 공동의 목표달성을 위해 노력하는 것이며 평화적인 문제해결을 위하여 너와 나 '모두에게 득positive sum'이 되는, '모두가 승리win-win'하는 게임을 하는 것이다. 모두에게 득이 되고 모두가 승리하는 길이란 현실적으로 쉽지 않다. 모두가 승리한다는 것은 뒤집어 말하면 모두가 조금씩 양보하는 'lose-lose'일 수 있다. 따라서 유연성이 필요하다. 때로는 이중플레이도 필요하다. 그것이 바로 유연함이다.

이상의 세 가지를 당신에게 대입해보자. 그러면 당신의 정치력이 어느 정도인지 판단이 설 수 있다. 만약 낙제점이라면 생각을 바꿔야 한다. 팀장쯤 됐으면 이제 사내 정치 정도는 넉넉히 할 수 있어야 한다. 그래야 당신도 팀원도 고생을 안 한다. 아니 고생의 차원이 아니라 승승장구할 수 있다.

*

"우리는 정치를 하지 않고는 살 수 없다. 그것은 우리 삶의 일부이다. 하지만 그것이 반드시 나쁜 것일 필요는 없다.
– 캐서린 K. 리어돈

팀 구축 활동
– 활력 넘치는 팀 만들기

　　　　팀 구축은 팀장으로서 중요한 역할 중 하나이다. 이는 팀원들의 협업을 강화하고 조직의 목표를 달성하기 위한 필수적인 과정이다. 팀 구축은 단순히 팀원을 모으는 것 이상으로 팀의 구성원들이 공동의 목표를 향해 일할 수 있는 환경을 조성하고, 신뢰와 유대감을 구축하는 것을 포함한다. 이를 통해 조직의 생산성을 높이고, 긍정적인 업무 문화를 형성할 수 있다.

　팀 구축 활동의 중요성은 여러 가지 측면에서 나타난다. 우선, 팀 구축은 팀원 간의 신뢰를 증진시킨다. 신뢰는 팀 내에서 협업과 의사소통의 기초가 되며 팀원들이 서로를 지지하고 협력할 수 있는 기반이 된다. 팀원 간의 신뢰가 구축되면 팀은 보다 효과적으로 문제를 해결하고, 어려운 상황에서도 함께 이겨낼 수 있다.

마하트마 간디는 "신뢰는 팀의 가장 중요한 자산이다"라고 했는데, 이는 팀원 간의 신뢰가 팀의 성공에 얼마나 중요한지를 보여준다.

팀 구축은 또한 팀원들의 동기부여를 향상시킨다. 팀원들이 팀에 속해 있다는 느낌을 받으면 그들은 조직의 목표를 달성하기 위해 더 열심히 일하게 된다. 팀 구축 활동을 통해 팀원들은 서로를 더 잘 이해하고 자신이 조직에 기여하고 있다는 느낌을 받을 수 있다. 이는 팀의 사기를 높이고, 팀원들이 업무에 열정을 가지게 한다. 스티브 잡스는 "팀원들의 열정은 팀의 성공을 결정한다"라고 했는데, 이는 동기부여가 팀의 성과에 중요한 영향을 미친다는 것을 강조한다.

팀 구축 활동은 팀 내의 의사소통을 개선하는데도 도움이 된다. 원활한 의사소통은 팀의 협업을 강화하고, 문제 해결을 용이하게 한다. 팀원들이 서로의 의견을 자유롭게 나눌 수 있는 환경을 조성하면, 팀은 다양한 아이디어와 관점을 통합하여 더 나은 결정을 내릴 수 있다. 워런 버핏은 "의사소통은 조직의 혈액이다"라고 말했는데, 이는 의사소통이 조직의 기능과 성과에 핵심적인 역할을 한다는 것을 나타낸다.

팀 구축의 요령은 다양한 요소를 포함한다. 첫째, 팀장은 팀원 간의 신뢰를 구축하기 위해 노력해야 한다. 이를 위해 팀장은 팀원들의 의견을 경청하고 그들의 노력을 인정하며, 공정하고 투명한 의사소통을 유지해야 한다. 신뢰는 시간이 지남에 따라 구축되며 팀장은 일관된 행동을 통해 이를 강화해야 한다.

둘째, 팀장은 팀원들의 동기부여를 위해 팀의 비전과 목표를 명확하게 제시해야 한다. 그렇게함으로써 팀원들은 자신이 조직의 일부분이며, 중요한 역할을 수행하고 있다는 느낌을 받을 수 있다. 팀장은 또한 팀원들의 성과를 인정하고, 그들의 발전을 지원하는데 노력을 기울여야 한다.

셋째, 팀장은 의사소통을 촉진하기 위해 노력해야 한다. 이를 위해 팀장은 열린 의사소통 문화를 조성하고, 팀원들이 자유롭게 의견을 나눌 수 있는 환경을 만들어야 한다. 팀장은 또한 팀원들의 의견을 존중하고, 그들의 피드백을 반영하는 노력을 보여야 한다.

넷째, 팀장은 팀원들의 유대감을 강화하기 위해 다양한 팀 구축 활동을 조직해야 한다. 이는 공동의 목표를 향한 프로젝트나 팀 빌딩 활동을 포함할 수 있다. 이러한 활동을 통해 팀원들은 서로를 더 잘 이해하고, 협력할 수 있는 기회를 가질 수 있다. 빌 게이츠는 "팀 활동은 팀을 강화한다"라고 했는데 이는 팀 빌딩이 팀의 유대감을 향상시키는데 얼마나 중요한지를 강조한다.

다섯째, 팀장은 팀의 다양성을 존중하고 이를 활용할 수 있는 능력을 길러야 한다. 팀원들은 다양한 배경과 경험을 가지고 있으며, 이를 바탕으로 팀은 더 창의적이고 혁신적으로 문제를 해결할 수 있다. 팀장은 팀의 다양성을 존중하고, 이를 팀의 강점으로 활용하는 노력을 해야 한다.

팀 구축은 팀의 성공에 중요한 역할을 한다. 팀장으로서 팀을 구축하는 것은 팀의 협업을 강화하고, 목표를 달성하기 위한 필수적인 과정이다. 이를 위해서는 신뢰 구축, 동기부여, 의사소통, 팀 빌딩 활동, 그리고 다양성 존중과 같은 요소를 잘 조화시켜야 한다. 이러한 요령을 활용하여 팀 구축 활동을 성공적으로 수행한다면, 팀장은 조직의 성과를 향상시키고 긍정적인 업무 문화를 조성할 수 있을 것이다.

팀원들의 비판을 받았을 때
– 열린 마음, 수용적 태도

        팀장으로서 팀원들의 비판, 건의, 고언을 들을 때가 적지 않을 것이다. 때로는 기분이 언짢아지기도 할 수 있다. 이런 순간에는 의도적으로 열린 마음과 수용적인 태도를 가지는 것이 필요하다. 그럼으로써 팀원들의 의견을 존중하고 조직의 발전을 위한 소통을 촉진할 수 있다. 팀장의 자세와 방법을 이해하는 것은 팀의 화합을 유지하고, 생산성을 높이는데 도움이 된다.

  비판을 받을 때 가장 먼저 필요한 것은 열린 마음을 가지는 것이다. 이는 팀장의 행동이나 결정이 항상 옳은 것이 아닐 수 있다는 점을 인정하는 것을 의미한다. 헨리 포드는 "비판은 종종 진보의 첫 단계다"라고 말했는데, 이는 비판이 조직의 성장과 발전에 기여할 수 있음을 나타낸다. 열린 마음으로 팀원들의 의견을 듣는 것은 팀의 혁신과 발전을 위한 첫걸음이 될 수 있다.

팀장은 팀원들의 비판을 개인적인 공격으로 받아들이지 않도록 노력해야 한다. 비판은 종종 건설적인 피드백의 형태로 나타나며, 이는 조직의 개선을 위한 중요한 정보가 될 수 있다. 팀장은 비판을 듣고 분석하며, 이를 바탕으로 문제를 해결하고 개선할 수 있는 방법을 찾아야 한다. 앤드류 카네기는 "비판은 금광과도 같다. 그 속에는 가치 있는 것이 숨겨져 있다"라고 했다. 이는 비판이 유용한 인사이트를 제공할 수 있음을 강조한다.

팀원들의 비판을 들을 때 팀장은 경청하는 자세를 가져야 한다. 경청은 단순히 듣는 것 이상의 의미를 가지며 상대방의 관점을 이해하고 공감하는 것을 포함한다. 팀장은 팀원들의 의견을 진지하게 받아들이고 그들의 감정을 존중하는 태도를 보여야 한다. 이를 통해 팀원들은 자신의 의견이 존중받고 있다는 느낌을 받을 수 있다. 스티븐 코비는 "경청은 이해를 향한 첫걸음이다"라고 했는데, 이는 경청이 상호 이해와 소통의 기반이 됨을 나타낸다.

팀장은 비판을 듣고 나서 적절한 대응을 해야 한다. 이는 비판의 내용에 따라 다르게 접근할 수 있다. 비판이 정당한 경우, 팀장은 이를 인정하고 개선을 위한 조치를 취해야 한다. 반면에 비판이 부적절하거나 근거가 없는 경우, 팀장은 이를 부드럽게 설명하고, 팀원에게 적절한 피드백을 제공해야 한다. 이를 통해 팀장은 팀원들과의 신뢰 관계를 유지하고, 조직의 목표를 향해 나아갈 수 있다. 벤저민 프랭클린은 "비판은 유용하지만, 그에 대한 대응은 더 중요하다"고 했다. 이는 비판에 대한 적절한 대응이 조직의 성과에 미치는 영향을 나타낸다.

팀장은 팀원들의 건의와 고언을 수용하는데에도 주의를 기울여야 한다. 건의와 고언은 조직의 개선을 위한 귀중한 제안이 될 수 있다. 팀장은 팀원들의 제안을 진지하게 검토하고, 그에 따라 적절한 조치를 취해야 한다. 팀장은 또한 팀원들에게 제안의 진행 상황을 공유하고, 그들의 노력을 인정하는 태도를 보여야 한다. 이를 통해 팀원들은 자신의 의견이 조직의 개선에 기여하고 있다는 느낌을 받을 수 있다. 이와 관련하여 피터 드러커는 "건의는 혁신의 씨앗이다"라고 했다. 이는 건의가 조직의 혁신을 촉진하는데 어떻게 기여할 수 있는지를 강조한다.

팀장은 비판, 건의, 고언을 듣는 과정을 통해 팀원들과의 신뢰를 구축할 수 있다. 팀원들은 자신의 의견이 존중받고 조직의 개선에 기여할 수 있다는 것을 느낄 때, 조직에 더 많은 노력을 기울이게 된다. 팀장은 이러한 과정을 통해 팀의 사기를 높이고, 조직의 성과를 향상시킬 수 있다. 마하트마 간디는 "신뢰는 팀의 가장 큰 자산이다"라고 했는데, 이는 신뢰가 팀의 성공에 얼마나 중요한지를 보여준다.

결론적으로, 팀장은 팀원들의 비판, 건의, 고언을 수용하는 자세와 방법을 이해하는 것이 중요하다. 이를 위해서는 열린 마음, 경청, 적절한 대응, 그리고 신뢰 구축이라는 요소를 고려해야 한다. 이러한 태도와 방법을 통해 팀장은 팀의 화합을 유지하고, 조직의 성과를 향상시킬 수 있다. 이는 팀장으로서 성공적인 리더십을 발휘하는데 도움이 될 것이다.

*

"팀 리더는 사람들을 이끄는 것이 아니라, 그들이 스스로 이끌도록 영감을 주어야 한다."
— 랄프 나더Ralph Nader

팀원을 질책하기
– 행동의 변화를 이끌어내기

　　　　　팀장으로서 때로는 팀원을 질책해야 할 상황이
있다. 이러한 상황에서는 신중한 접근이 필요하다. 질책은 팀원의
성과를 개선하고 문제를 해결하는데 도움을 줄 수 있지만, 부적절
한 질책은 팀원의 사기와 팀의 화합을 해칠 수 있다. 따라서 제대
로 질책하는 요령과 방법을 이해하고 활용하는 것이 중요하다.

　첫째로, 질책을 할 때는 정확하고 구체적인 피드백을 제공해야
한다. 모호하거나 일반적인 비판은 팀원이 자신의 행동이나 결과
를 어떻게 개선해야 할지 이해하기 어렵게 만들 수 있다. 정확하
고 구체적인 피드백을 통해 팀원은 자신의 실수나 부족한 부분을
파악하고, 향후 개선을 위한 구체적인 방향을 잡을 수 있다. 피드

백 전문가인 존 휘트모어는 "구체적인 피드백은 행동의 변화를 이끄는 핵심"이라고 말했는데, 이는 구체적인 피드백이 중요하다는 점을 강조한다.

둘째로, 질책을 할 때는 긍정적인 접근을 시도하는 것이 좋다. 팀원의 성과를 개선하기 위해서는 그들의 노력을 인정하고, 미래를 향한 건설적인 제안을 제공하는 것이 효과적이다. 이는 팀원에게 동기부여를 주고, 그들이 조직의 목표를 달성하기 위해 노력하도록 장려할 수 있다. 긍정적인 접근은 팀원의 사기를 높이고, 그들이 자신감을 가지고 업무에 임하도록 도울 수 있다. 칼 로저스는 "긍정적인 피드백은 변화의 시작점이다"라고 했는데, 이는 긍정적인 접근이 변화의 동력이 될 수 있음을 나타낸다.

셋째로, 질책을 할 때는 공정하고 객관적인 자세를 유지해야 한다. 감정에 휘말려 과도한 질책을 하거나, 개인적인 편견에 기반하여 비판하는 것은 팀원과의 신뢰 관계를 해칠 수 있다. 팀장은 객관적인 사실에 기반하여 질책을 하고, 공정한 태도로 팀원의 행동이나 성과를 평가해야 한다. 공정한 질책은 팀원들에게 신뢰를 주고, 그들이 자신의 행동을 개선할 수 있도록 돕는다. 마틴 루터 킹은 "공정함은 신뢰의 기반이다"라고 말했는데, 이는 공정함이 신뢰 관계를 구축하는데 중요한 요소임을 강조한다.

넷째로, 질책을 할 때는 개인적으로 접근하는 것이 효과적이다. 공개적인 자리에서 팀원을 질책하는 것은 그들의 자존심을 상하게 하고, 다른 팀원들 사이에 불필요한 긴장감을 조성할 수 있다.

개인적으로 접근하여 팀원과 1대1로 대화하는 것은 그들이 질책을 더 수용적으로 받아들이도록 도울 수 있다. 이를 통해 팀원은 자신의 행동을 개선하고 팀의 목표를 향해 나아갈 수 있다. 아리스토텔레스는 "개인적인 접근은 이해를 증진시킨다"라고 했는데, 이는 개인적인 대화가 상호 이해에 도움이 된다는 점을 강조한다.

다섯째로, 질책을 할 때는 미래지향적인 태도를 유지해야 한다. 과거의 실수나 문제에 집중하기보다는 앞으로 어떻게 개선할 수 있을지에 초점을 맞추는 것이 좋다. 이는 팀원에게 긍정적인 방향을 제시하고 그들이 자신의 행동을 개선하도록 동기부여를 줄 수 있다. 스티븐 코비는 "미래에 집중하는 것은 성장의 핵심이다"라고 말했는데, 이는 미래지향적인 접근이 개인의 발전과 조직의 성장에 중요하다는 점을 나타낸다.

마지막으로, 질책을 할 때는 팀원의 감정을 고려하는 것이 중요하다. 질책은 팀원에게 스트레스를 줄 수 있으며 부적절한 방식으로 처리되면 팀원의 사기와 동기부여에 부정적인 영향을 미칠 수 있다. 팀장은 팀원의 감정을 이해하고 그들의 관점을 고려하는 태도를 보여야 한다. 그래야 팀원들은 자신의 의견이 존중받고 있다고 느끼며 조직의 목표를 위해 더 열심히 일하게 될 것이다. 데일 카네기는 "감정을 존중하는 것은 관계의 시작이다"라고 했는데, 이는 감정 존중이 관계 구축에 중요하다는 점을 강조한다.

결론적으로, 팀장은 때로는 팀원을 질책해야 하는 상황이 있을 수 있다. 이러한 상황에서는 정확하고 구체적인 피드백, 긍정적인 접근, 공정하고 객관적인 자세, 개인적인 접근, 미래지향적인 태도, 그리고 팀원의 감정을 고려하는 것이 중요하다. 이러한 요령과 방법을 활용하여 팀장을 성공적으로 수행한다면, 조직의 성과를 향상시키고, 팀의 화합을 유지하는데 도움이 될 것이다.

팀원을 격려하기
– 잠재력을 이끄는 힘

        팀장으로서 팀원들을 격려하는 것은 매우 중요한 역할이다. 격려는 팀원들의 사기와 동기부여를 높이고, 팀의 성과를 향상시키는데 중요한 역할을 한다. 바람직한 격려는 팀원들이 자신의 노력을 인정받고 있다는 느낌을 주며, 그들의 잠재력을 최대한 발휘할 수 있도록 돕는다. 격려를 통해 팀은 공동의 목표를 달성하고, 조직의 성공에 기여할 수 있다.

    격려의 중요성은 여러 측면에서 나타난다. 우선, 격려는 팀원들의 사기를 높이는데 도움이 된다. 팀원들은 자신의 노력이 인정받고 그들의 성과가 가치 있게 여겨질 때, 더 열심히 일하게 된다. 이는 팀의 사기를 높이고, 긍정적인 업무 문화를 조성하는데 도움이 된다. 마하트마 간디는 "격려는 팀의 사기를 북돋는 에너지다"라고 했다. 이는 격려가 팀원들의 동기부여에 중요한 역할을 한다는 것을 강조한다.

또한 격려는 팀원들의 성장을 촉진하는데도 중요하다. 팀원들은 격려를 통해 자신감을 얻고, 더 높은 목표를 추구할 수 있다. 팀장은 팀원들의 노력을 인정하고, 그들의 발전을 지원함으로써 팀원들이 성장할 수 있도록 도와야 하며 그럼으로써 팀은 더 창의적이고 혁신적인 성과를 낼 수 있다. 스티븐 코비는 "격려는 성장의 촉매제다"라고 말했다. 이는 격려가 개인과 조직의 성장을 촉진하는데 도움이 된다는 것을 나타낸다.

팀원들을 격려하는 바람직한 방법은 몇 가지 요령을 포함한다. 첫째로, 팀장은 팀원들의 성과를 인정하고 칭찬해야 한다. 이는 팀원들에게 그들의 노력이 가치 있게 여겨진다는 느낌을 주고, 그들이 더 열심히 일할 수 있도록 동기를 부여한다. 팀장은 팀원들의 성과를 구체적으로 칭찬하고 그들의 노력을 인정하는 태도를 보여야 한다. 그래야 팀원들은 자신의 업무에 자부심을 느끼고, 조직에 더 기여할 수 있게 된다. 존 에프 케네디는 "인정과 칭찬은 동기부여의 열쇠다"라고 말했다. 이는 팀원들의 노력을 인정하고 칭찬하는 것이 그들의 동기부여에 중요한 역할을 한다는 것을 의미한다.

둘째로, 팀장은 팀원들의 발전을 지원하는 노력을 보여야 한다. 이는 팀원들이 더 높은 목표를 달성하고, 자신의 잠재력을 발휘할 수 있도록 돕는 것을 의미한다. 팀장은 팀원들에게 필요한 교육과 훈련을 제공하고 그들의 성장을 지원하는 환경을 조성해야 한다. 이를 통해 팀원들은 자신의 능력을 발전시키고 조직에 더 많은 기여를 할 수 있다. 피터 드러커는 "발전은 조직의 성장을 이끄는 힘이다"라고 말했다. 이는 팀원들의 발전을 지원하는 것이 조직의 성장에 중요한 역할을 한다는 것을 강조한다.

셋째로, 팀장은 팀원들과 열린 커뮤니케이션을 유지해야 한다. 열린 커뮤니케이션은 팀원들이 자신의 의견을 자유롭게 표현하고, 팀장과 소통할 수 있는 환경을 조성한다. 열린 커뮤니케이션을 통해 팀원들은 자신의 의견이 존중받고 있다는 느낌을 받고 조직에 더 열심히 일하게 된다. 팀장은 팀원들의 의견을 경청하고, 그들의 피드백을 반영하는 노력을 보여야 한다. 오프라 윈프리는 "열린 커뮤니케이션은 신뢰를 구축하는 열쇠다"라고 말했다. 이는 열린 커뮤니케이션이 팀원들과의 신뢰 관계를 구축하는데 중요한 역할을 한다는 것을 나타낸다.

넷째로, 팀장은 팀원들의 노력을 인정하고 보상하는 방안을 마련해야 한다. 이는 팀원들의 동기부여를 높이고 그들이 조직의 목표를 달성하기 위해 노력할 수 있도록 돕는다. 팀장은 팀원들의 성과를 보상하고 그들의 노력을 인정하는 제도를 마련해야 한다. 그럼으로써 팀원들은 자신의 노력이 가치 있게 여겨진다는 느낌을 받고, 조직에 더 많은 기여를 할 수 있다. 앤드류 카네기는 "보상은 동기부여의 촉진제다"라고 했다. 이는 적절한 보상이 팀원들의 동기부여를 촉진하는데 도움이 된다는 것을 강조한다.

마지막으로, 팀장은 팀원들의 사기를 높이는 활동을 조직해야 한다. 이는 팀원들의 사기를 높이고 긍정적인 업무 문화를 조성하는데 도움이 된다. 팀장은 팀원들의 사기를 높이는 이벤트나 활동을 조직하여, 팀원들이 업무에 자부심을 느끼고, 조직에 더 열심히 일할 수 있도록 격려해야 한다. 이를 통해 팀은 긍정적인 분위기에서 업무를 수행하고, 조직의 목표를 달성할 수 있다. 빌 게이츠는 "긍정적인 문화는 조직의 성공을 위한 기반이다"라고 했다. 이는 긍정적인 업무 문화가 조직의 성공에 중요한 역할을 한다는 것을 강조한다.

　결론적으로, 팀장은 팀원들을 제대로 잘 격려하는 것이 중요하다. 격려는 팀원들의 사기와 동기부여를 높이고, 팀의 성과를 향상시키는데 중요한 역할을 한다. 이를 위해서는 팀원들의 성과를 인정하고 칭찬하며, 그들의 발전을 지원하고, 열린 커뮤니케이션을 유지하고, 노력을 인정하고 보상하며, 사기를 높이는 활동을 조직하는 것이 중요하다. 이러한 요령과 방법을 통해 팀장은 조직의 목표를 달성하고, 팀을 효과적으로 운영할 수 있다. 이는 팀장으로서 성공적인 리더십을 발휘하는데 도움이 될 것이다.

격려와 칭찬의 차이

격려와 칭찬은 모두 긍정적인 피드백의 형태이지만, 그 목적과 사용 상황에는 분명한 차이가 있다. 이 두 가지 피드백 방식은 팀원들의 동기부여와 성장에 중요한 역할을 하며, 효과적인 리더십을 발휘하는 데 있어 필수적인 요소이다.

● 격려(Encouragement)

격려는 주로 팀원이 어려움을 겪고 있거나 도전적인 상황에 직면했을 때, 그들이 계속해서 노력하도록 동기를 부여하는데 사용된다. 격려의 목적은 개인의 내부 동기를 자극하여 자신감을 심어주고, 실패에 대한 두려움을 극복하도록 돕는 것이다. 격려는 구체적인 성과에 초점을 맞추기보다는 노력, 개선, 혹은 과정 자체를 인정하는데 중점을 둔다.

상황이 어려운 프로젝트를 진행 중인 팀원이 있다고 하자. 이 팀원은 기한을 맞추기 위해 열심히 일하고 있지만 여전히 해결해야 할 문제들이 남아 있다. 이때 팀장이 이 팀원에게 "네가 이 문제에 대해 얼마나 많은 시간과 노력을 투자하고 있는지 알아. 정말 힘든 일이지만, 네가 지금처럼 계속 노력한다면 분명히 좋은 결과가 있을 거야. 계속해서 이 방향으로 나아가자"라고 말하는 것이 격려의 예이다.

● 칭찬(Praise)

칭찬은 팀원이 이미 달성한 성과나 특정 행동에 대해 긍정적인 인정을 제공할 때 사용된다. 칭찬의 목적은 구체적인 성취를 인정하고 보상하는 것으로, 팀원이 긍정적인 행동을 반복하도록 유도하는 효과가 있다. 칭찬은 구체적이고, 측정 가능한 결과에 기반하여 이루어져야 효과적이다.

팀원이 중요한 프로젝트를 성공적으로 완료했다. 이 프로젝트는 회사에 큰 이익을 가져다주었고, 고객의 만족도도 높였다면 팀장이 회의에서 이 팀원을 칭찬하며 말한다. "이 프로젝트를 통해 회사에 큰 기여를 한 것을 모두가 인정하고 있어. 너의 탁월한 기획력과 팀워크로 이루어낸 성과에 진심으로 감사하다. 정말 잘했어!"

이렇듯 격려는 팀원이 도전에 계속해서 맞서도록 동기를 부여하는 반면, 칭찬은 이미 달성한 성과나 긍정적인 행동을 인정하는 것이다.

탁월한 업무지시
– 팀 전체의 성과 결정 요소

       팀장으로서 업무 지시를 잘 내리는 것은 팀 전체의 성과를 결정하는 중요한 요소이다. 효과적인 지시를 통해 팀원들의 동기부여를 유발하고 업무 효율을 극대화할 수 있다. 이를 위해서는 몇 가지 핵심 원칙을 따라야 한다.

  첫 번째로, 지시의 명확성과 구체성이다. 추상적인 지시 대신에 팀원들에게 구체적으로 어떤 일을 해야 하는지, 언제까지 완료해야 하는지, 그리고 어떤 결과를 기대하는지 명확히 알려야 한다. 이는 팀원들이 지시를 이해하고 필요한 행동을 취할 수 있도록 돕는다. 예를 들어, "프로젝트 진행 상황을 보고하세요"라는 지시 대신 "이번 주 금요일까지 프로젝트 진행 상황을 요약한 보고서를 제출하세요"라고 명시하는 것이 더 효과적이다.

두 번째로, 팀원들의 이해도를 확인하는 것이다. 지시를 내린 후 팀원들에게 질문을 하거나 피드백을 요청하여 지시 사항을 정확히 이해했는지 확인해야 한다. 그럼으로써 오해를 예방하고 팀원들이 업무를 효과적으로 수행할 수 있도록 도울 수 있다. 또한 이를 통해 팀원들이 자신이 이해하지 못한 부분에 대해 질문할 수 있는 기회를 제공한다.

세 번째로, 팀장으로서 열린 소통을 장려하는 것이 중요하다. 팀원들이 지시 사항에 대해 질문하거나 의견을 제시할 수 있는 분위기를 조성해야 한다. 이를 통해 팀원들은 자신의 아이디어와 생각을 공유할 수 있으며, 이는 팀의 창의성과 문제 해결 능력을 향상시킨다. 또한 열린 소통은 팀원들의 참여도를 높이고 그들이 자신의 의견이 존중받는다고 느끼게 한다.

네 번째로, 지시를 내릴 때 팀원들의 동기부여를 고려해야 한다. 지시의 이유와 그 결과에 대해 설명해야 하는 것이다. 팀원들이 자신의 역할과 그 역할이 전체 프로젝트에 어떻게 기여하는지 이해하면 그들은 더 열심히 일할 동기를 가질 것이다. 또한 팀원들의 성과를 인정하고 칭찬하는 것이 필요하다. 이를 통해 그들은 자신의 노력이 가치 있다고 느끼고 더 나은 성과를 내기 위해 노력할 것이다.

다섯 번째로, 지시를 내릴 때 팀원들의 개별적인 필요와 특성을 고려해야 한다. 모든 팀원이 똑같은 방식으로 일하는 것은 아니므로 개인의 강점과 약점을 고려한 지시를 내려야 한다. 이를 통해 팀원들은 자신의 잠재력을 최대한 발휘할 수 있고 팀 전체의 성과를 향상시킬 수 있다.

마지막으로, 팀장으로서 지시를 내릴 때는 상황에 맞는 리더십 스타일을 사용해야 한다. 상황에 따라 지시형, 설득형, 참여형, 위임형 등의 리더십 스타일을 유연하게 적용하여 팀원들의 상황과 업무의 성격에 맞게 지시를 내릴 수 있어야 한다. 이를 통해 팀원들은 자신에게 가장 적합한 방식으로 지시를 받고 업무를 효과적으로 수행할 수 있다.

효과적인 업무 지시는 팀의 성공에 핵심적인 역할을 한다. 이를 위해서는 명확하고 구체적인 지시, 이해도 확인, 열린 소통, 동기부여, 개별적인 특성 고려, 그리고 상황에 맞는 리더십 스타일 적용이 중요하다. 이러한 접근법을 통해 팀원들은 더 효과적으로 업무를 수행하고, 팀 전체의 성과는 향상될 것이다.

업무지시 내리는 요령

다음과 같은 전략을 사용하면 팀장이 효과적으로 업무 지시를 내리고 팀의 성과를 향상시킬 수 있다.

1. 명확한 목표 설정: 업무 지시를 내릴 때, 어떤 목표를 달성하려고 하는지 명확히 설명해야 한다. 목표는 측정 가능하고 구체적이어야 한다.

2. 적절한 설명: 업무의 세부 사항을 설명할 때는 팀원들이 이해할 수 있도록 간단하고 명확하게 설명하는 것이 좋다. 특히 업무의 우선 순위, 필요한 자원, 예상되는 문제점 등을 공유해야 한다.

3. 분명한 기대 설정: 팀원들에게 어떤 결과를 기대하는지 명확하게 알려주는 것이 중요하다. 기대 사항이 분명하면 팀원들이 작업을 진행하면서 올바른 방향으로 나아갈 수 있다.

4. 책임 할당: 업무를 할당할 때, 각 팀원이 어떤 부분에 책임을 지는지 명확히 해야 한다. 이를 통해 팀원들은 자신의 역할을 이해하고 그에 따라 행동할 수 있다.

5. 피드백 제공: 업무 진행 중이나 완료 후에 피드백을 제공하는 것이 중요하다. 긍정적인 피드백과 건설적인 비판을 통해 팀원들은 자신의 성과를 평가하고 개선할 수 있다.

6. 지원과 리소스 제공: 업무 수행에 필요한 리소스를 팀원들에게 제공하고, 지원이 필요한 부분이 있는지 확인하는 것이 중요하다. 이렇게 함으로써 팀원들이 더 효율적으로 일할 수 있다.

7. 커뮤니케이션 유지: 업무가 진행되는 동안 팀원들과 지속적으로 소통하며 업무의 진행 상황을 파악하고, 필요한 경우 조언이나 지원을 제공해야 한다. 또한 팀원들이 문제가 있을 때 언제든지 도움을 요청할 수 있도록 격려해야 한다.

8. 유연성 유지: 상황이 변할 때 유연하게 대처할 수 있어야 한다. 팀원들이 예상치 못한 문제에 직면할 경우, 팀장으로서 문제를 해결하거나 업무 지시를 수정할 수 있는 능력이 중요하다.

보고를 받는 법
– 보고를 잘 받는 것도 능력

팀장으로서 팀원들에게 업무보고를 받는 것은 팀의 성공에 매우 중요한 요소이다. 이는 팀의 진행 상황을 파악하고, 문제를 조기에 발견하며, 전략을 조정하는데 핵심적인 역할을 한다. 효과적인 업무보고를 통해 팀장은 팀을 효율적으로 관리할 수 있고, 팀원들은 자신의 성과를 공유하고 인정받을 수 있다. 이를 위해서는 몇 가지 핵심적인 접근법이 필요하다.

첫째, 명확한 업무보고 기준을 설정해야 한다. 팀원들이 무엇을 보고해야 하는지, 언제 보고해야 하는지, 그리고 어떻게 보고해야 하는지에 대한 명확한 가이드라인을 제공해야 한다. 예를 들어 "매주 월요일 아침까지 진행 상황을 이메일로 보내주세요"와 같은 구체적인 지침은 팀원들이 보고 절차를 이해하고 따르도록 돕는다. 또한 보고의 내용에 대한 기대치도 명확하게 설정하는 것이 중요하다. 예를 들어, "진행 상황, 문제점, 해결책을 포함한 1페이지 요약 보고서를 제출하세요"라고 지시하는 것은 팀원들에게 어떤 정보를 제공해야 하는지 분명히 알려준다.

둘째, 보고의 일관성과 주기를 유지하는 것이 필요하다. 정기적인 보고 주기를 설정하면 팀원들이 일관성 있게 보고를 제출할 수 있고, 팀장은 팀의 진행 상황을 주기적으로 파악할 수 있다. 예를 들어, 주간 보고서를 통해 팀원들의 주간 성과를 검토하고, 월간 회의를 통해 프로젝트의 전체 진행 상황을 파악할 수 있다. 이를 통해 팀장은 문제가 발생했을 때 조기에 대처할 수 있고, 팀원들도 보고를 통해 자신의 성과를 꾸준히 공유할 수 있다.

셋째, 보고의 형식을 간소화하는 것이 좋다. 팀원들이 불필요하게 복잡한 보고 형식에 시간을 낭비하지 않도록 간결하고 효율적인 형식을 제공하는 것이 좋다. 예를 들어, 표준화된 보고서 양식을 사용하거나, 팀원들이 쉽게 채울 수 있는 템플릿을 제공하는 것은 보고 과정을 단순화하고 효율화하는데 도움이 된다. 이렇게 하면 팀원들은 핵심적인 정보에 집중할 수 있고, 팀장은 중요한 내용을 빠르게 파악할 수 있다.

넷째, 보고를 통해 팀원들에게 피드백을 제공하는 것도 신경 써야 한다. 팀원들이 보고를 제출하면 팀장은 그들의 성과를 칭찬하거나 개선점을 제시할 수 있다. 예를 들어, "이번 주에 훌륭한 진행을 보여주셨네요. 계속해서 좋은 성과를 기대한다"와 같은 칭찬이나, "이번 보고에서 제시한 해결책이 효과적일 것 같다. 다음 주에도 그 방향으로 계속 진행해주세요"와 같은 지지의 피드백을 제공할 수 있다. 이러한 피드백은 팀원들이 자신의 노력이 인정받고 있다는 느낌을 주며 더 나은 성과를 내도록 동기부여를 할 수 있다.

다섯째, 보고를 통해 팀 내의 협력을 촉진하는 것이 좋다. 팀원들이 자신의 진행 상황과 문제점을 공유하면, 다른 팀원들이 그 문제를 해결하는데 도움을 줄 수 있다. 이를 위해서는 팀원들이 서로의 보고를 공유하거나, 보고서를 통해 협력할 수 있는 기회를 제공하는 것이 중요하다. 예를 들어, 팀 회의에서 각 팀원의 진행 상황을 공유하고 협력할 수 있는 영역을 찾는 것은 팀 내의 협력을 촉진하는 좋은 방법이다.

마지막으로, 팀원들이 보고를 즐겁게 느끼도록 만드는 것이 필요하다. 보고는 부담이 될 수 있지만 팀장이 이를 긍정적인 경험으로 만들면 팀원들은 보고를 통해 자신의 성과를 자랑하고 인정받을 수 있다. 예를 들어, 팀장이 "이번 주에 가장 독창적인 해결책을 제시한 팀원에게 작은 보상을 주겠습니다"와 같은 재미있는 활동을 통해 팀원들의 보고 동기를 높일 수 있다.

　이러한 방법들을 통해 팀장은 효과적으로 업무보고를 받을 수 있다. 명확한 기준 설정, 일관성과 주기 유지, 간소화된 형식, 피드백 제공, 협력 촉진, 그리고 즐거운 분위기 조성을 통해 팀원들은 보고를 효율적으로 수행하고, 팀장은 팀의 성과를 성공적으로 관리할 수 있는 것이다.

　　*

　"리더십의 본질은 다른 사람들이 더 잘할 수 있도록 만드는 것이다."
　— 존 맥스웰

팀장의 자기관리
– 모범을 보이자

　　팀장으로서 팀원들에게 모범을 보이는 것은 매우 중요하다. 이는 팀의 리더로서 조직의 목표와 가치를 나타내며, 팀원들이 올바른 방향으로 나아갈 수 있도록 안내하는 역할을 한다. 특히 겸손함과 자기관리는 리더로서의 본보기가 될 수 있는 중요한 요소이다. 팀장이 겸손하고 자기관리를 잘하면 팀원들은 그를 존경하며 신뢰할 수 있다. 이로 인해 팀의 성과와 분위기가 긍정적으로 향상된다.

　　특히 자신을 겸손하게 관리하는 것은 팀장으로서 리더십의 핵심적인 요소이다. 겸손한 팀장은 자신의 성공과 업적에 대해 지나치게 자랑하지 않고, 자신의 약점과 실수에 대해서도 솔직하게 인정한다. 이는 팀원들에게 친근감을 주고, 팀장과 팀원 사이의 신뢰를 강화한다. 링컨은 "겸손함은 위대함의 시작"이라고 했다. 이는 겸손함이 진정한 리더십의 시작점임을 강조한 것이다. 팀장은 팀원들의 노력을 인정하고, 그들의 기여를 강조함으로써 겸손한 모습을 보여야 한다.

자기를 잘 관리하는 것은 리더로서 중요한 부분이다. 팀장은 자신의 감정, 시간, 건강을 잘 관리해야 한다. 이는 팀원들에게 좋은 본보기가 될 뿐만 아니라 리더로서의 역량을 유지하고 발전시키는데 도움이 된다. 시간 관리는 특히 중요한데 팀장은 자신의 시간뿐만 아니라 팀의 시간도 효율적으로 관리해야 한다. 팀원들에게 시간 관리의 중요성을 강조하고 효율적인 업무 수행을 돕는 것은 팀의 생산성을 높이는데 도움이 된다. 벤저민 프랭클린은 "시간은 금"이라고 했다.

팀장은 또한 자신의 건강을 잘 관리해야 한다. 이는 팀원들에게 좋은 본보기가 될 뿐만 아니라 팀장의 업무 능력과 효율성을 유지하는데 도움이 된다. 건강한 식습관, 규칙적인 운동, 충분한 휴식은 팀장의 건강을 유지하는데 중요하다. 팀장은 팀원들에게 건강한 생활 방식을 실천하는 모습을 보여줄 수 있다. 아리스토텔레스는 "건강은 행복의 첫걸음이다"라고 했는데 이는 건강이 행복하고 생산적인 삶의 기반임을 말한 것이다.

팀장의 감정 관리는 팀원들과의 관계를 유지하는데 필수적이다. 팀장은 스트레스나 어려운 상황에서도 침착하고 긍정적인 태도를 유지해야 한다. 이는 팀원들에게 안정감을 주고, 팀의 분위기를 긍정적으로 유지하는데 도움이 된다. 팀장은 자신의 감정을 관리하고, 팀원들의 감정을 이해하는 능력을 길러야 한다. 이를 통해 팀은 어려운 상황에서도 협력하여 목표를 달성할 수 있다. 달라이 라마는 "감정 관리는 삶의 균형을 유지하는 핵심이다"라고 말했다. 이는 감정 관리가 삶의 균형과 행복을 유지하는데 중요하다는 것을 나타낸다.

팀장이 팀원들에게 모범을 보이는 것은 조직의 문화와 분위기에 큰 영향을 미친다. 팀원들은 팀장의 행동과 태도를 보고 배우며, 이를 자신의 업무에 반영한다. 따라서 팀장은 겸손하고 자기관리를 잘하여 팀원들에게 긍정적인 본보기가 되어야 한다. 이를 통해 팀은 조직의 목표를 달성하고, 긍정적인 업무 문화를 조성할 수 있다.

모범을 보이는 팀장은 또한 팀원들에게 영감을 줄 수 있다. 팀원들은 자신의 리더를 보며 그들의 태도와 행동을 본받으려 한다. 팀장이 겸손하고 자기관리를 잘하는 모습을 보이면, 팀원들은 이를 보고 배울 것이다. 이는 팀 전체의 역량을 향상시키고, 조직의 성과를 높이는데 도움이 된다. 월트 디즈니는 "영감은 행동의 불꽃이다"라고 했다. 이는 팀장의 행동이 팀원들에게 동기부여와 영감을 줄 수 있다는 것을 나타낸다.

이와 같이, 팀장은 철저한 자기관리를 통해 팀원들에게 모범을 보여야 한다. 겸손함은 리더십의 핵심 요소로, 팀원들과의 신뢰관계를 강화하고 팀의 화합을 유지하는데 도움이 된다. 그밖에도 자기를 잘 관리함으로써 팀장의 역량을 유지하고, 팀원들에게 좋은 본보기가 될 수 있다. 이러한 요소를 통해 팀장은 조직의 목표를 달성하고, 팀을 효과적으로 운영할 수 있다. 이는 팀장으로서 성공적인 리더십을 발휘하는데 도움이 될 것이다.

리더가 되면 왜 오만해질까?

노스웨스턴 대학교 켈로그 경영대학원의 애덤 잴린스키(Adam Galinsky) 교수가 재미있는 실험을 제안했다.

먼저 오른손을 주먹 쥐고 검지(엄지 다음 손가락)를 편 후에 그 손가락으로 자신의 이마에 영어의 대문자 E를 써보라는 것이다. 이때 글자를 쓰는 방식은 2가지다. 하나는 자기의 입장에서 E자를 쓰는 것이고 다른 하나는 상대방이 읽기 쉽게 E자를 뒤집어쓰는 것이다. 아주 간단한 실험이지만 이것은 사람의 성향을 테스트하는 좋은 방법이다. 즉, 다른 사람의 시각으로 세상을 볼 수 있는 능력을 측정하는 것이다.

만약 상대방의 입장에서는 반대방향이지만 당신 자신이 읽기 쉬운 방향으로 썼다면, 자신에게는 반대방향이지만 상대방이 읽기 쉽게 올바른 방향으로 쓴 사람에 비하여 자기중심적 성향이 강하다고 한다.

잴린스키 교수는 이와 관련하여 사람들이 권력을 갖게 될수록, 즉 리더가 될수록 자기가 읽기 쉽게(다른 사람이 읽기 어렵게) E자를 쓴다고 했다. 그래서 '권력은 다른 사람의 시각과 사고, 느낌을 이해하려는 경향을 낮춘다'고 결론 내렸다(다니엘 핑크, 《새로운 미래가 온다(A Whole New Mind)》, 김명철 옮김, 한국경제신문, 2020).

리더들의 편견과 교만을 지적한 사람은 많다. 그중 한 사람이 실패학의 대가인 미국 다트머스대학 경영대학원의 시드니 핑켈스타인(Sydney Finkelstein) 교수다. 그는 '실패하는 CEO의 7가지 습관'을 제시한 바 있는데, 요약하자면 "교만, 겸손 부족, 자기만족과 안주, 다른 모든 이들보다 더 많이 알고 모든 해답을 쥐고 있다는 착각, 자신과 기업이 환경을 지배한다는 오판, 중요한 장애물에 대한 과소평가와 적응력 결여 등"이라고 했다. 즉, 리더들은 '내가 다른 사람들보다 더 많이 알잖아. 그러니 내가 옳다'는 착각을 하게 되고 그럼으로써 겸손하지 못하고 오만하게 된다는 것이다.

리더들이 오만과 편견에 빠지는 것은 과학적으로도 근거가 있다. 아일랜드 트리니티 칼리지 심리학과의 이안 로버트슨(Ian Robertson) 교수는 보스나 리더가 되면 그가 얻게 된 권력이 뇌의 화학적 작용을 바꿔 놓는다고 했다. 즉, 권력을 갖게 되면 뇌에서 도파민 수치가 높아지는데 도파민은 사람을 똑똑하게 만들고 목표에 집중하게 하지만, 냉혹하고 위선적인 성격으로 변화시키며 판단력을 흐리게 한다고 말했다. 도파민의 증가는 이기심과 위선을 강화하며 자만해지고 남을 괴롭히는 경향을 보이는 부작용을 낳는다. 특히 자신이 직위에 걸맞은 능력이 없다고 느낄 때 직원들을 더욱 더 괴롭힌다는 것이다(〈매일경제〉, 2013. 11. 8).

따라서 당신이 팀장이라면 자신도 모르는 사이에 오만과 편견에 빠질 수 있다는 점을 자각하고 보다 더 겸손한 사람이 되도록 자기를 관리해야 한다.

팀원의 성장과 발전 지원
– 함께 성장하기

　　팀장은 자신의 성장과 발전 못지않게 팀원의 성
장과 발전을 지원해야 한다. 이는 팀장에게도 많은 혜택을 제공하
는 전략적 투자이다. 팀원이 발전하고 성장하면 자연스럽게 팀의
성과도 향상되고 팀장으로서의 리더십 또한 탄탄해지기 때문이
다. 미국의 작가 조지 매튜 아담스는 "당신의 성공은 다른 사람들
의 성공을 돕는데 있다"라고 말했다. 이는 팀원이 자신의 목표를
달성할 수 있도록 팀장이 지원할 때 팀 전체의 성과와 만족도가 높
아지고, 결과적으로 팀장의 리더십이 더욱 빛난다는 뜻이다.

　팀원의 성장을 지원하는 첫 번째 이유는 팀의 역량 강화이다. 조
직은 여러 사람의 역량이 결집되어 만들어진 결과물이다. 각자의
능력을 최대한 발휘할 수 있도록 팀장이 지원할 때 팀은 더 큰 목표

를 달성할 수 있는 힘을 얻게 된다. 팀원들이 각자의 전문 분야에서 성장하고 발전할수록 팀은 다양한 역량과 전문 지식을 기반으로 새로운 문제를 창의적으로 해결할 수 있다. 따라서 팀장이 팀원의 발전을 도모하는 것은 팀의 미래를 위한 전략적 투자이다.

또한 팀원의 성장을 지원하는 것은 사기 진작과 동기부여에도 큰 도움이 된다. 팀원들이 자신의 성장이 팀장과 조직에서 중요하게 여겨진다는 것을 느끼면 스스로 더 큰 책임감을 갖고 업무에 임하게 된다. 이는 그들이 팀에 헌신하고 어려운 과제에 적극적으로 도전하며, 스스로 동기부여를 찾도록 하는 기반이 된다. 이 과정에서 팀장은 팀원들이 실수할 수 있는 기회를 제공하고 이를 통해 배우도록 격려해야 한다. 실패는 배움의 기회이자 성장의 발판이기 때문이다.

팀원의 성장을 지원하는 세 번째 이유는 리더십의 전수이다. 팀장은 자신의 경험과 노하우를 팀원들에게 전수하여 조직 내 미래의 리더를 키워야 한다. 이는 조직의 지속적인 성장과 성과를 위해 필요하다. 리더십의 전수는 팀원들이 조직 내에서 역할을 확장하고, 더 큰 책임을 맡을 수 있도록 돕게 된다. 이를 통해 팀원들은 더 큰 동기를 가지고 일하게 되고 팀장은 조직의 미래를 책임질 유능한 인재들을 양성하게 된다.

그러나 팀원의 성장을 지원하는 것은 단순한 말로만 이뤄지지 않는다. 이를 위해서는 구체적인 전략이 필요하다. 먼저, 팀장은 팀원들과 정기적인 대화를 통해 그들의 목표와 관심사를 파악해야 한다. 이를 기반으로 각 팀원이 자신의 경력과 성장 목표에 맞게 교육과 훈련 기회를 찾을 수 있도록 도와야 한다. 팀장은 팀원들의 목표를 이해하고 그들이 어떤 분야에서 발전하고 싶은지 명확하게 파악해야 한다. 이를 통해 팀원들이 교육 기회에 적극적으로 참여하도록 지원하고 성장에 필요한 경험을 쌓도록 도울 수 있다.

또한 팀장은 팀원들에게 책임감을 부여하여 스스로 도전하도록 해야 한다. 이는 팀원들이 새로운 프로젝트를 이끌거나 중요한 과제에 참여하도록 하는 것으로 시작된다. 팀원들이 단순히 수동적으로 업무를 수행하는 것이 아니라, 스스로 리더십을 발휘하여 책임감을 가지고 일할 수 있는 기회를 주어야 한다. 이를 통해 팀원들은 스스로 성장에 필요한 기술과 지식을 습득하게 되며 리더십 역량을 키울 수 있다.

팀원들의 성장과 발전을 지원하는데 있어 가장 중요한 것은 피드백이다. 팀원들은 자신이 어떤 부분에서 잘하고 있는지, 어떤 부분을 개선해야 하는지 알기 위해 팀장의 피드백을 필요로 한다. 피드백은 비판적이어서는 안 되고 팀원들이 더 나은 방향으로 나아갈 수 있도록 도와야 한다. 이 과정에서 팀장은 팀원들의 노력과 성과를 진심으로 인정하고 그들의 성취를 축하해야 한다. 이를 통해 팀원들은 자신의 발전에 대한 성취감을 느끼고 더 높은 목표에 도전할 동기를 얻게 된다.

마지막으로, 팀장은 팀원들이 실패를 두려워하지 않도록 안전한 환경을 조성하는 것이 필요하다. 새로운 도전과 성장은 항상 실패의 가능성을 내포한다. 팀장은 팀원들이 실패를 배움의 기회로 삼을 수 있도록 격려하며, 실패를 두려워하지 않고 더 큰 성장을 이루도록 지원해야 한다. 실패가 곧 성장이 되는 문화가 자리잡으면 팀원들은 새로운 도전을 즐기며 스스로를 발전시키게 될 것이다.

결국 팀장이 팀원의 성장과 발전을 지원하는 것은 팀장의 리더십을 더욱 견고하게 만들고 팀 전체의 성과를 향상시키는 밑바탕이 된다. 팀원들이 잠재력을 최대한 발휘할 수 있도록 도와줌으로써 팀장은 팀의 장기적인 성공을 보장할 수 있다. "당신의 성공은 다른 사람들의 성공을 돕는데 있다"는 조지 매튜 아담스의 말처럼, 팀원의 성장과 발전이 팀장의 성장과 발전을 이끄는 것은 분명한 사실이다.

51

신바람을 일으켜라
– 분위기의 중요성과 팀장의 역할

       팀장으로서 조직을 신바람 나게 하는 것이 매우 중요하다. 어쩌면 그것이 팀장으로서 해야 할 최고의 임무일 수도 있다. 조직에서 신바람이 나는 것은 팀의 에너지와 동기를 상징하며, 조직의 성공에 큰 영향을 미친다. 신바람이 나는 조직은 팀원들이 열정적으로 일에 임하고, 서로를 지지하며, 공동의 목표를 향해 나아가는 곳이다. 이러한 분위기는 팀원들이 개인적인 만족감을 느끼는 동시에, 조직의 전체적인 능률에 기여한다.

   무엇보다도 생산성이 향상된다. 신바람이 나는 조직에서는 팀원들이 자신의 일에 더 많은 에너지와 열정을 쏟아부을 가능성이 높다. 팀원들이 일에 대한 강한 동기를 가지고 있을 때, 자연스럽게 더 많은 일을 하고, 더 나은 결과를 내는 경향이 있다. 이는 전체 조직의 효율성과 성과를 증가시킨다.

신바람 나는 조직은 이직률이 낮아진다. 그러잖아도 요즘 기업의 고민 중 하나가 이직률이 높다는 것이다. 조금만 불만족스러워도 사표를 내지른다. 그러나 직원들이 일터에서 행복하고 만족감을 느낀다면 다른 곳으로의 이직을 고려할 가능성이 그만큼 적어지는 것은 당연하다. 이는 조직에 안정성을 제공하며, 훈련과 채용에 드는 비용을 줄일 수 있다. 신바람 나는 조직 환경은 팀원들에게 긍정적인 작업 환경을 제공함으로써 이직률을 감소시키는 중요한 요소가 된다.

다음으로, 신바람 나는 조직은 강화된 팀워크를 발휘한다. 열정적이고 긍정적인 분위기는 팀원들 사이의 협력을 촉진한다. 팀원들이 서로의 성공을 지원하고 문제 해결을 위해 협력할 때, 조직 전체의 성능이 향상됨은 물론이다. 이는 공동의 목표 달성을 위해 서로 의지하고, 지원하는 강력한 팀워크를 구축하는데 기여한다.

또한 신바람 나는 조직은 창의성과 혁신을 촉진한다. 신바람 나는 환경에서는 팀원들이 새로운 아이디어를 제안하고 실험하는데 두려움이 적다. 이러한 자유로운 분위기는 창의적 사고를 촉진하며, 그 결과 혁신적인 제품이나 서비스, 프로세스의 개발로 이어질 수 있다.

마지막으로 신바람 나는 조직은 고객 만족도가 높아진다. 직원들이 자신의 업무에 신바람이 나면, 그들의 긍정적인 태도는 고객 서비스에도 반영되기 때문이다. 이는 고객 경험을 향상시키고, 고객 만족도와 충성도를 높이는데 결정적인 역할을 한다.

• 팀장의 역할

그럼 이렇듯 바람직한 신바람 나는 팀을 만들기 위해 팀장은 어떻게 해야 할까? 답은 당신 스스로 잘 알고 있을 것이다. 실천을 안 할 뿐이다. 팀장으로서는 신바람 나는 조직 문화를 조성하기 위해 몇 가지 구체적인 조치를 취할 수 있다.

첫째, 팀의 사기를 높이기 위해 팀장은 강력한 비전과 함께 구체적이고 도달 가능한 목표를 설정해야 한다. 이러한 목표는 팀원들이 자신의 일이 조직 전체의 성공에 어떻게 기여하는지 이해할 수 있게 해준다. 예를 들어, 각 프로젝트의 목표를 명확히 설정하고, 그 성과가 조직 전체에 어떤 긍정적인 영향을 미치는지를 정기적으로 공유하면 팀원들은 자신의 역할의 중요성을 더욱 명확히 인식하게 된다. 이러한 인식은 팀원들이 자신의 일에 더욱 몰입하고 자부심을 갖게 만든다.

둘째, 의사소통은 팀 사기를 높이는데 있어 필수적이다. 팀장은 투명하고 일관된 커뮤니케이션을 유지해야 하며, 모든 팀원들이 조직 내에서 일어나는 변화와 결정 과정에 대해 잘 이해하고 있어야 한다. 이를 위해 정기적인 팀 미팅, 업데이트 이메일, 그리고 열린 문 정책을 실천할 수 있다. 팀원들이 회의에서 자유롭게 의견을 개진하고 그 의견이 존중받는다고 느낀다면 그들은 조직에 더욱 깊이 참여하게 된다.

셋째, 팀장은 적극적으로 팀원들을 격려하고 그들의 성공을 축하해야 한다. 이는 작은 성공이라도 마찬가지다. 팀원 개개인의 기여를 인정하고 칭찬함으로써 팀원들은 자신이 가치 있는 일원이라는 것을 느끼고 앞으로 더 큰 도전을 향해 나아가는데 필요한 동기를 얻게 된다. 팀장이 직접 감사의 메시지를 전달하거나, 성과에 대해 공개적으로 칭찬하는 것은 매우 효과적인 동기부여 방법이다.

넷째, 직원의 개인적인 성장과 발전에 투자하는 것도 필요하다. 교육과 훈련 기회를 제공하고 팀원들이 자신의 경력 목표를 달성할 수 있도록 지원함으로써, 팀장은 팀원들이 조직에 장기간 남아 기여하도록 할 수 있다. 개인의 성장이 팀과 조직의 성장으로 이어진다는 점을 인식하고, 이를 적극적으로 지원하는 문화를 조성해야 한다.

다섯째, 업무와 삶의 균형을 장려하는 것 역시 팀 사기를 높이는 방법의 하나다. 팀원들이 일과 개인 생활 사이에서 균형을 이룰 수 있도록 지원하면 그들은 업무에 더욱 집중할 수 있으며 직장 내외에서의 스트레스를 관리할 수 있다. 유연한 근무 시간, 재택근무 옵션 및 필요한 휴식 시간을 제공하는 것은 장기적으로 팀원들에게 건강과 생산성을 유지할 수 있도록 도와준다.

결론적으로, 팀장으로서 팀원들에게 신바람을 불어넣는 것은 단순히 좋은 분위기를 만드는 것을 넘어서 조직의 전반적인 성공을 위한 중요한 전략이다. 직원들이 자신의 일에 열정을 갖고 참여하게 만드는 것은 장기적인 성공을 위한 투자이며, 이는 조직 전체의 성장과 발전을 촉진하는 핵심 요소이다.

*

"훌륭한 팀 리더는 길을 찾아내는 것이 아니라 길을 개척하는 사람이다."

– 로빈 샤르마Robin Sharma

팀장의 변화관리
– 변화의 수용과 내재화

변화관리는 조직이 직면한 변화를 효과적으로 관리하고 그 변화가 조직에 긍정적으로 통합될 수 있도록 하는 과정이다. 이는 조직 내부의 전략, 구조, 프로세스, 기술 또는 문화와 같은 다양한 영역에서 발생할 수 있는 계획된 또는 뜻밖의 변화들을 포함한다. 변화관리의 핵심 목표는 변화를 성공적으로 구현하고 이 과정에서 발생할 수 있는 저항을 최소화하며, 조직과 그 구성원들이 변화를 수용하고 적응할 수 있도록 돕는 것이다.

변화관리는 조직이 경쟁력을 유지하고 환경의 빠른 변화에 효과적으로 대응하며, 장기적인 성공을 도모할 수 있도록 한다. 효과적인 변화관리는 단순히 새로운 정책이나 시스템을 도입하는 것 이상의 의미를 갖고 조직 문화와 직원들의 행동 변화를 포함하는 포괄적인 접근 방식을 요구한다.

팀장으로서 변화관리는 조직이 직면한 변화를 성공적으로 이끌고 팀원들을 적응시키며, 결과적으로 조직의 성장과 효율성을 증진하는 과정이다. 변화는 기술의 발전, 시장의 변동, 조직 내부 정책의 변경 등 다양한 형태로 나타나며, 이를 효과적으로 관리하지 못하면 조직은 혼란을 경험하고 성과가 저하될 수 있다. 따라서 팀장으로서 변화관리의 중요성을 이해하고 이에 대처하는 방법을 알고 있어야 한다.

변화관리의 중요성은 주로 조직의 안정성과 성장 가능성에 기반을 둔다. 변화를 관리하는 과정에서 팀장은 불확실성을 최소화하고 팀원들이 새로운 상황에 효과적으로 적응할 수 있도록 도와야 한다. 팀원들이 변화를 수용하고 내재화할 때 조직은 더 빠르게 진화하고 경쟁 우위를 유지할 수 있다. 또한 변화를 성공적으로 관리함으로써 조직은 위기를 기회로 전환할 수 있는 능력을 갖추게 된다. 팀장이 변화관리를 위해 해야 할 일은 다음과 같다.

• 변화관리를 위해 팀장이 할 일

팀장이 변화관리를 위해 해야 할 일은 변화가 조직에 성공적으로 정착되도록 계획을 세우고 팀원들을 지원하며 변화를 추진하는데 있어 리더십을 발휘하는 것으로 다음과 같다.

첫째, 변화의 필요성을 인식하고 비전을 수립하는 것이다. 그리고 이를 조직 전체에 알려야 한다. 이를 통해 변화가 왜 필요한지, 어떻게 조직에 도움이 될지 명확하게 설명해야 한다. 이후, 명확하고 매력적인 비전을 수립해 조직이 나아갈 방향을 설정해야 한다.

둘째, 팀원들의 이해와 참여를 유도해야 한다. 팀원들의 이해와 참여는 변화의 성공에 필수적이다. 이를 위해 투명한 소통을 통해 팀원들의 우려를 이해하고, 변화의 목적과 긍정적인 측면을 전달하여 그들이 변화의 여정에 적극적으로 동참하도록 유도해야 한다.

셋째는, 변화 계획 수립 및 실행이다. 비전이 수립되면 팀장은 구체적인 변화 계획을 세워야 한다. 계획에는 변화의 단계별 일정, 필요 자원, 잠재적 리스크 관리 등이 포함된다. 이 과정에서 각 팀원의 역할을 명확하게 규정하고 필요한 교육과 지원을 제공해야 한다.

넷째, 변화 리더십을 발휘해야 한다. 팀장은 변화를 이끌면서 솔선수범하는 모습을 보여야 한다. 변화의 방향을 지지하고, 실행 과정에서 발생하는 문제를 해결하며, 팀원들에게 일관성 있게 지침을 제공해야 한다. 팀원들이 변화에 대한 불확실성과 두려움을 극복할 수 있도록 정서적 지원도 중요하다.

다섯째, 단계별 성과 측정 및 피드백 제공이다. 변화의 진행 상황을 측정하고 계획과 실제 성과를 비교하여 지속적인 개선을 도모해야 한다. 이를 통해 변화의 긍정적인 결과를 공유하고, 목표 달성을 축하하며, 문제가 있다면 신속하게 수정하는 피드백을 제공해야 한다.

여섯째, 지속적인 변화 문화의 조성이다. 변화가 정착된 후에도 조직이 지속적인 혁신을 추구하도록 문화 조성에 힘써야 한다. 변화에 대한 거부감 없이 새로운 도전을 즐기는 문화가 자리 잡도록 지원하며, 팀원들이 창의적인 아이디어를 내고 이를 실현할 수 있는 환경을 조성해야 한다.

이렇게 팀장은 변화 관리 과정에서 팀원들을 적극적으로 지원하고 리더십을 발휘해야 한다. 이러한 노력이 조직 전체의 변화를 촉진하고 안정적인 기반 위에서 더 나은 미래를 향해 나아갈 수 있게 하는 것이다.

변화관리의 주요 요소

1. 변화의 준비: 조직이 변화에 대해 준비되었는지 평가하는 단계로, 조직의 현재 상태와 변화 후 목표 상태 간의 갭을 식별한다. 이 단계에서는 변화의 필요성을 명확히 하고, 조직의 준비 상태를 분석하여 변화가 성공적으로 진행될 수 있는 기반을 마련한다.

2. 변화 계획 및 설계: 변화를 실행하기 위한 구체적인 계획을 수립하는 단계이다. 이는 변화의 목표, 관련된 리소스, 일정, 책임자 등을 정의하며, 어떻게 변화가 진행될지에 대한 로드맵을 제공한다. 계획 단계는 또한 변화로 인해 영향을 받을 수 있는 이해관계자들을 식별하고, 그들의 요구와 기대를 관리하는 것도 포함된다.

3. 소통과 참여: 변화관리에서 중요한 역할을 하는 소통은 모든 이해관계자들이 변화의 이유, 과정, 예상 결과를 이해하도록 돕는다. 효과적인 소통은 조직 내부의 저항을 줄이고, 변화에 대한 지지를 구축하는 데 필수적이다. 또한 변화 과정에서 이해관계자들의 참여를 촉진하여, 그들이 변화 과정에 적극적으로 기여하도록 동기를 부여한다.

4. 구현 및 실행: 계획된 변화를 실제로 실행하는 단계로, 변화 계획에 따라 새로운 시스템, 프로세스 또는 구조가 도입된다. 이 단계에서는 변화를 지원하기 위한 훈련과 지원이 제공되며, 필요에 따라 추가적인 조정이 이루어질 수 있다.

5. 강화 및 통합: 변화가 조직 내에 지속적으로 안착되도록 하는 단계다. 변화가 조직의 일상 운영에 완전히 통합되고, 변화의 효과가 지속적으로 모니터링 되며, 필요한 경우 지속적인 개선이 이루어진다.

53

팀장의 위기관리능력
– 위기를 기회로 만들기

팀장은 예상치 못한 상황이나 위기가 발생했을 때 침착하게 대처할 수 있어야 한다. 위기관리 능력은 조직의 성공에 필수적인 요소로, 위기는 언제든지 발생할 수 있으며 이를 어떻게 대처하느냐에 따라 조직의 운명이 결정될 수 있기 때문이다. 이러한 이유로 팀장의 위기관리 능력은 조직의 생존과 번영에 큰 영향을 미친다. 위기관리 능력에 대한 다양한 측면과 함께, 이를 어떻게 향상시킬 수 있는지에 대해 상세하게 살펴보겠다.

우선, 위기 상황에서는 침착함이 중요하다. 팀장은 팀원들이 패닉에 빠지지 않도록 자신이 먼저 냉정을 유지해야 한다. 이는 조직의 대응 능력을 유지하고, 문제 해결에 집중할 수 있도록 도와준다. 예를 들어, 유명한 사업가인 리처드 브랜슨은 "위기를 기회로 바꿔라"라는 말을 통해서 통해 침착한 대응이 위기를 극복하는데 얼마나 중요한지를 강조했다. 위기 상황에서 침착함을 유지하면 문제를 명확하게 파악하고 적절한 해결책을 찾는데 도움이 된다.

둘째로, 팀장은 위기 상황에서 의사결정 능력을 보여야 한다. 위기 상황에서는 빠르고 정확한 의사결정이 필요하다. 팀장은 상황을 분석하고 가능한 대안들을 평가하며, 최선의 선택을 할 수 있어야 한다. 이런 상황에서는 직관과 경험이 중요하게 작용한다. 해리 트루먼 미국 대통령은 "책임은 여기서 멈춘다"라는 말로 위기 상황에서의 결단력과 책임감을 강조했다. 팀장은 위기 상황에서의 결정에 책임을 지고 팀을 이끌어야 한다.

셋째로, 팀장은 위기 상황에서 커뮤니케이션 능력을 발휘해야 한다. 위기 상황에서는 팀원들과 명확하고 효과적으로 소통해야 한다. 이는 팀원들이 상황을 이해하고 그들의 역할을 수행할 수 있도록 돕는다. 팀장은 정보를 투명하게 공유하고, 팀원들의 우려를 경청하며, 그들의 협력을 이끌어내야 한다. 또한 팀원들에게 적절한 지침을 제공하여 그들이 정확히 무엇을 해야 하는지 알 수 있도록 해야 한다. 효과적인 커뮤니케이션은 위기 상황에서 팀의 응집력을 유지하고, 문제를 해결하는데 중요한 역할을 한다.

넷째로, 팀장은 위기 상황에서 유연성과 창의성을 보여야 한다. 위기 상황에서는 예상치 못한 문제들이 발생할 수 있으며, 기존의 해결책이 통하지 않을 수 있다. 따라서 팀장은 상황에 맞게 유연하게 대응하고, 새로운 해결책을 찾아내는 능력이 필요하다. 팀장은 문제를 새로운 시각으로 바라보고, 다양한 해결책을 탐색하며, 혁신적인 아이디어를 도입할 수 있어야 한다. 유연성과 창의성은 위기 상황에서 문제를 해결하고 조직을 성공적으로 이끄는데 도움이 된다.

다섯째로, 팀장은 위기 상황에서 팀원들의 사기를 높여야 한다. 위기 상황에서는 팀원들이 스트레스와 불안감을 느낄 수 있으며, 이는 그들의 업무 수행에 영향을 미칠 수 있다. 따라서 팀장은 팀원들을 격려하고, 그들의 노력을 인정하며, 그들이 문제를 극복할 수 있도록 동기를 부여해야 한다. 이를 통해 팀원들은 위기 상황에서도 최선을 다해 일할 수 있으며, 조직의 목표 달성에 기여할 수 있다.

여섯째로, 팀장은 위기 상황에서 자원을 효과적으로 관리해야 한다. 위기 상황에서는 제한된 자원을 효율적으로 활용하는 것이 중요하다. 팀장은 필요한 자원을 신속하게 확보하고 이를 최적의 방식으로 배분하여 위기에 대처해야 한다. 이를 위해 팀장은 자원 관리에 대한 명확한 계획을 수립하고 상황에 따라 유연하게 조정할 수 있어야 한다.

마지막으로, 팀장은 위기 상황에서 학습과 개선을 추구해야 한다. 위기 상황은 조직의 약점을 드러내고, 개선할 기회를 제공한다. 팀장은 위기 상황에서의 경험을 바탕으로 조직의 문제점을 파악하고, 이를 개선하는데 노력을 기울여야 한다. 또한 위기 상황에서 얻은 교훈을 공유하여 조직이 미래의 위기에 더 잘 대비할 수 있도록 해야 한다. 이를 통해 조직은 지속적으로 발전하고 더 나은 결과를 달성할 수 있다.

요약하자면, 팀장의 위기관리 능력은 조직의 성공을 좌우한다. 팀장은 침착함을 유지하고, 빠르고 정확한 의사결정을 내리며, 효과적으로 소통하고, 유연성과 창의성을 발휘해야 한다. 또한 팀원들의 사기를 높이고, 자원을 효과적으로 관리하며, 위기 상황에서 학습과 개선을 추구해야 한다. 이러한 능력들은 위기 상황에서 조직을 이끌고 더 나은 미래를 만들어 나가는데 필수적이다.

코칭 및 멘토링 능력
– 팀원의 성공을 돕기

팀장의 중요한 역할 중 하나는 팀원들의 개인적 및 전문적 성장을 지원하는 것이다. 이를 효과적으로 수행하기 위해 팀장은 코칭 및 멘토링 능력을 갖춰야 한다. 이러한 능력은 팀원들이 자신의 잠재력을 최대한 발휘하고, 직장에서 성공적인 커리어를 쌓을 수 있도록 돕는다. 이러한 코칭 및 멘토링의 중요성과 이를 실천하는 방법에 대해 알아보자.

코칭은 팀원들이 자신의 목표를 달성할 수 있도록 도와주는 과정이다. 팀장은 코치로서 팀원들이 자신이 무엇을 원하는지, 이를 어떻게 달성할 수 있는지에 대해 생각하게 하고, 이를 지원해야 한다. 코칭의 핵심은 팀원들이 스스로 문제를 해결할 수 있는 능력을 키우도록 도와주는 것이다. 예를 들어, 팀원이 업무에서 어려움을 겪을 때, 팀장은 그들에게 직접적인 답을 주는 대신, 그들이 문제를 스스로 해결할 수 있는 방향을 제시해주는 것이 좋다. 이는 팀원들의 자기 주도적 학습과 문제 해결 능력을 향상시키는 데 도움이 된다.

멘토링은 코칭과 달리 장기적인 관계를 기반으로 한다. 멘토는 팀원들에게 지혜와 경험을 공유하며, 그들의 커리어 발전을 도와준다. 멘토는 팀원들의 롤모델이 되어 그들이 자신의 경력을 어떻게 개발할 수 있는지에 대한 지침을 제공한다. 그럼으로써 팀원들은 자신의 목표를 보다 명확하게 설정하고, 이를 달성하는 방법을 배우게 된다. 유명한 멘토인 오프라 윈프리는 "좋은 멘토는 당신이 될 수 있는 최고의 버전을 볼 수 있게 도와주는 사람"이라고 말한 바 있다. 멘토링은 팀원들이 자신의 잠재력을 최대한 발휘할 수 있도록 도와주는데 큰 역할을 한다.

코칭과 멘토링 모두 팀원의 성장을 지원하는데 중요한 역할을 한다. 이를 위해 팀장은 팀원들과 신뢰 관계를 구축해야 한다. 신뢰는 코칭과 멘토링의 기반이며, 그것을 통해 팀원들은 자신의 고민과 목표를 자유롭게 공유할 수 있게 된다. 팀장은 팀원들에게 진심으로 관심을 갖고 그들의 이야기를 경청해야 한다. 이를 통해 팀원들은 자신이 존중받고 있음을 느끼며, 팀장과의 관계를 강화하게 된다.

또한 팀장은 팀원들의 성장을 지원하기 위해 개별화된 접근을 취해야 한다. 각 팀원은 서로 다른 목표와 필요를 가지고 있으며, 이를 이해하고 지원하는 것이 중요하다. 팀장은 팀원들과의 대화를 통해 그들의 목표와 도전을 파악하고, 이를 기반으로 코칭과 멘토링을 제공해야 한다. 이를 통해 팀원들은 자신의 개인적인 목표와 조직의 목표를 조화시킬 수 있게 된다.

팀장은 또한 팀원들의 성장을 지원하기 위해 지속적인 피드백을 제공해야 한다. 피드백은 팀원들이 자신의 성과를 개선하고, 목표를 달성하는데 중요한 역할을 한다. 팀장은 피드백을 제공할 때 긍정적인 측면과 개선이 필요한 측면을 균형 있게 제시해야 하며 그렇게 함으로써 팀원들은 자신의 강점을 활용하고, 약점을 개선할 수 있게 된다. 또한 팀장은 팀원들의 성과를 인정하고 격려함으로써 그들의 동기부여를 높여야 한다.

마지막으로, 팀장은 팀원들의 학습과 발전을 위한 환경을 조성해야 한다. 이를 위해 팀장은 팀원들에게 교육과 훈련의 기회를 제공하고, 그들이 새로운 도전에 참여할 수 있도록 지원해야 한다. 또한 팀원들에게 자율성과 책임감을 부여하여 그들이 자신의 발전에 주도적으로 참여할 수 있도록 해야 한다. 이를 통해 팀원들은 자신의 역량을 향상시키고, 조직의 목표 달성에 기여할 수 있게 된다.

이와 같이, 팀장은 팀원들의 개인적 및 전문적 성장을 지원하기 위해 코칭 및 멘토링 능력을 갖춰야 한다. 이를 통해 팀원들은 자신의 잠재력을 발휘하고 직장에서 성공적인 커리어를 쌓을 수 있다. 팀장은 팀원들과의 신뢰 관계를 구축하고, 개별화된 접근을 취하며, 지속적인 피드백을 제공하고, 학습과 발전을 위한 환경을 조성해야 한다. 그렇게 함으로써 팀원들은 성장하고 조직은 성공을 향해 나아갈 수 있는 것이다.

*

"팀 리더는 문제가 아니라 해결책에 집중한다."
— 존 콜맨John Coleman

대인관계 능력
- 조직의 이익을 극대화하기

        팀장으로서 대인관계 능력은 아무리 강조해도 지나치지 않다. 이 능력은 팀 내에서의 효과적인 협업뿐만 아니라 조직 외부와의 교류에도 큰 역할을 한다. 팀장은 조직 내외에서 다양한 사람들과 원활하게 소통하고 긍정적인 관계를 구축함으로써 팀의 목표 달성에 기여할 수 있다. 이러한 대인관계 능력의 중요성과 이를 어떻게 함양하고 발휘해야 하는지에 대해 알아보자.

    대인관계 능력은 팀의 효과적인 운영에 필수적이다. 팀장으로서 강력한 대인관계 능력을 갖추고 있으면 팀원들과의 신뢰 관계를 구축할 수 있다. 신뢰는 팀 내에서의 협업을 촉진하고, 팀원들의 사기를 높이는데 도움을 준다. 이와 관련하여 피터 드러커는 "조직은 사람과의 관계를 통해서만 성취할 수 있다"는 말을 남겼다. 이는 팀장이 조직의 성과를 이끌기 위해 대인관계 능력이 얼마나 중요한지를 강조하는 말이다.

또한 대인관계 능력은 팀장으로서 효과적인 소통을 가능하게 한다. 팀장은 팀원들의 의견을 경청하고 그들과 명확하고 효과적으로 의사소통을 해야 한다. 이는 팀원들이 자신의 역할을 이해하고 팀의 목표에 기여할 수 있도록 돕는다. 팀장이 팀원들과 소통할 때는 상호 존중과 이해를 바탕으로 해야 하며, 그렇게 해야 팀원들은 자신의 의견이 존중받고 있음을 느끼고 더 적극적으로 팀에 참여하게 된다.

대인관계 능력은 또한 팀장이 조직 외부와의 관계를 구축하는데에도 중요하다. 팀장은 고객, 파트너, 이해관계자들과의 관계를 관리함으로써 조직의 이익을 극대화할 수 있다. 이 과정에서 팀장은 상호 이익을 창출할 수 있는 협력 관계를 구축하고 이를 유지해야 한다. 효과적인 대인관계 능력은 이러한 외부 관계를 발전시키는데 중요한 역할을 한다.

대인관계 능력을 함양하고 발휘하기 위해서는 몇 가지 방법이 있다.

첫째, 팀장은 공감 능력을 키워야 한다. 다른 사람들의 감정과 관점을 이해하는 것은 효과적인 대인관계의 핵심이다. 팀장이 팀원들의 의견을 경청하고 그들의 입장을 이해하려 노력하는 것을 보여줌으로써 팀원들은 자신의 의견이 존중받고 있음을 느끼게 되고 팀 내에서의 신뢰와 협력이 강화된다.

둘째, 팀장은 명확하고 효과적인 의사소통을 연습해야 한다. 이는 팀원들과의 관계뿐만 아니라 외부 관계에서도 중요하다. 팀장은 자신의 의도를 명확하게 전달하고 다른 사람들의 의견을 경청하는 능력을 갖춰야 한다. 이를 위해 팀장은 효과적인 의사소통 기술을 연습하고 지속적으로 개선해 나가야 한다.

셋째, 팀장은 긍정적인 태도를 유지해야 한다. 긍정적인 태도는 팀원들과의 관계를 강화하고 팀의 사기를 높이는데 도움을 준다. 팀장은 어려운 상황에서도 긍정적인 태도를 유지하고 팀원들에게 용기를 북돋아줘야 한다. 이를 통해 팀원들은 어려움을 극복하고 팀의 목표를 달성하는데 기여할 수 있게 된다.

넷째, 팀장은 다양한 사람들과의 관계를 구축할 필요가 있다. 이는 팀 내에서의 관계뿐만 아니라 조직 외부와의 관계에서도 중요하다. 팀장은 다양한 사람들과의 관계를 통해 새로운 아이디어를 얻고 조직의 이익을 극대화할 수 있다. 이를 위해 팀장은 다양한 배경과 경험을 가진 사람들과 교류하고 그들의 의견을 수용하는 태도를 가져야 한다.

마지막으로, 팀장은 대인관계 능력을 지속적으로 개발하고 개선해야 한다. 대인관계 능력은 지속적인 학습과 연습을 통해 발전시킬 수 있는 능력이다. 팀장은 자신의 대인관계 능력을 평가하고, 필요한 경우 교육과 훈련을 통해 계속해서 이를 개선해야 한다. 그래야만이 더 효과적으로 팀을 이끌고 조직의 성공에 기여할 수 있게 된다.

이렇듯, 팀장은 강력한 대인관계 능력을 갖춰야 한다. 이 능력은 팀 내외에서 효과적인 협업과 소통을 가능하게 하고, 조직의 이익을 극대화하는데 도움을 준다. 따라서 팀장은 공감 능력을 키우고, 명확하고 효과적인 의사소통을 연습하며, 긍정적인 태도를 유지해야 한다. 또한 다양한 사람들과의 관계를 구축하고, 대인관계 능력을 지속적으로 개발하고 개선해야 한다. 이러한 노력을 통해 팀장은 조직의 성공을 이끄는 중요한 역할을 수행할 수 있다.

문화적 감수성
– 팀의 협업 강화하기

　　현대의 조직 환경에서는 팀장이 다양한 문화적 배경을 가진 팀원들과 함께 일해야 하는 경우가 많다. 팀원들은 각기 다른 환경에서 자라왔고, 다양한 출신 학교와 경험을 가지고 있을 수 있다. 이러한 배경의 차이는 업무에 영향을 미칠 수 있으며 이를 이해하고 존중하는 것은 팀장의 중요한 역할이다.

　문화적 감수성은 팀 내에서의 소통과 협업에 필수적이다. 팀원들은 서로 다른 문화적 배경을 가지고 있을 수 있으며 이를 이해하고 존중하는 것은 효과적인 협업을 촉진하는데 도움이 된다. 팀장이 문화적 차이를 존중하고 이해하려 노력할 때 팀원들은 자신이 소중히 여겨지고 있다고 느낀다. 이는 팀 내에서의 신뢰를 구축하고 팀원들이 자신의 의견을 자유롭게 표현할 수 있는 환경을 조성한다. 존 메이저 전 영국 총리는 "문화는 사람들의 마음을 열고, 협력을 촉진한다"는 말을 남겼다. 이는 문화적 감수성이 팀의 협업을 강화하는데 얼마나 중요한지를 보여준다.

문화적 감수성은 또한 팀장이 조직 외부와의 관계를 구축하는 데에도 중요하다. 현대의 조직은 다양한 문화적 배경을 가진 고객, 파트너, 이해관계자들과 협력할 필요가 있다. 팀장이 문화적 감수성을 가지고 있을 때 이러한 외부 관계를 효과적으로 관리할 수 있다. 이는 조직의 이익을 극대화하고 성공적인 협력을 이끌어 내는데 도움이 된다.

문화적 감수성을 함양하고 발휘하기 위해서는 몇 가지 방법이 있다.

첫째, 팀장은 다른 문화에 대한 이해를 넓혀야 한다. 이를 위해 팀장은 다양한 문화적 배경을 가진 사람들과 교류하고 그들의 문화를 배우는 노력을 해야 한다. 그렇게함으로써 팀장은 다른 문화에 대한 이해를 높이고 문화적 차이에 대한 존중을 갖게 된다.

둘째, 팀장은 팀원들의 문화적 배경을 존중해야 한다. 각 팀원은 서로 다른 문화적 배경을 가지고 있으며 이는 그들의 가치관과 행동에 영향을 미친다. 팀장은 팀원들의 문화적 배경을 이해하고 존중함으로써 그들이 자신의 문화를 자유롭게 표현할 수 있도록 해야 한다. 그럼으로써 팀원들은 자신의 문화적 정체성을 존중받고 있다고 느끼며 이는 팀 내에서의 신뢰와 협업을 강화한다.

셋째, 팀장은 팀 내에서 문화적 다양성을 장려해야 한다. 문화적 다양성은 팀의 창의성과 혁신을 촉진하는데 도움이 된다. 팀장은 다양한 문화적 배경을 가진 팀원들이 자신의 의견을 자유롭게 표현할 수 있도록 격려하고, 그들의 아이디어를 수용하는 태도를 보여야 한다. 이를 통해 팀은 다양한 관점을 활용하여 더 나은 결과를 달성할 수 있게 된다.

넷째, 팀장은 문화적 갈등을 효과적으로 관리해야 한다. 다양한 문화적 배경을 가진 팀원들 간에는 문화적 차이로 인한 갈등이 발생할 수 있다. 팀장은 이러한 갈등을 이해하고 이를 해결하기 위한 대화를 촉진해야 한다. 이를 통해 팀원들은 서로의 차이를 이해하고 존중하며 이를 바탕으로 더 효과적으로 협업할 수 있게 된다.

마지막으로, 팀장은 문화적 감수성을 지속적으로 개발해야 한다. 문화적 감수성은 지속적인 학습과 경험을 통해 발전시킬 수 있는 능력이다. 팀장은 자신의 문화적 감수성을 평가하고 필요한 경우 교육과 훈련을 통해 이를 개선해야 한다. 그렇게 함으로써 팀장은 더 효과적으로 팀을 이끌고 조직의 성공에 기여할 수 있게 된다.

이와 같이, 팀장은 현대의 조직 환경에서 다양한 문화적 배경을 가진 팀원들을 이해하고 존중하는 문화적 감수성을 가져야 한다. 문화적 감수성은 팀 내외에서의 소통과 협업을 촉진하고 조직의 이익을 극대화하는데 도움을 준다. 이를 위해 팀장은 다른 문화에 대한 이해를 넓히고, 팀원들의 문화적 배경을 존중하며, 문화적 다양성을 장려하고 문화적 갈등을 효과적으로 관리해야 한다. 또한 문화적 감수성을 지속적으로 개발하고 개선해야 한다. 이러한 노력을 통해 팀장은 조직의 성공을 이끄는 중요한 역할을 수행할 수 있다.

*

"리더십은 당신이 다른 사람들의 능력을 발휘하도록 도와주는 것이다."

— 비달 사순Vidal Sassoon

팀장의 회복탄력성
- 다시 일어설 수 있는 능력

팀장은 다양한 개인적, 전문적 도전을 직면하는 과정에서 회복 탄력성을 발휘해야 한다. 이는 팀장으로서 성공하고 조직을 이끄는데 필수적인 능력이다. 회복 탄력성은 어려운 상황에서 다시 일어설 수 있는 능력으로 팀장과 조직의 성공에 큰 영향을 미친다.

우선, 회복 탄력성은 팀장이 스트레스와 변화를 효과적으로 관리하는데 중요하다. 현대의 업무 환경은 급격하게 변화하며 팀장은 이러한 변화에 적응하고 팀을 이끌어야 한다. 회복 탄력성이 높은 팀장은 변화에 신속하게 대응하고 새로운 상황에 맞춰 자신의 전략을 조정할 수 있다. 이는 팀의 안정성과 지속적인 성과를 보장하는데 도움이 된다. 또한 회복 탄력성은 팀장이 스트레스를 관리하고 업무에 집중하는데 필수적이다. 스트레스는 팀장의 업무 능력에 영향을 미칠 수 있지만 회복 탄력성이 높은 팀장은 스트레스를 효과적으로 관리하고 업무에 집중할 수 있다.

회복 탄력성은 팀장이 실패나 좌절을 극복하고 배울 수 있는 능력으로 전문성 향상에 도움이 된다. 실패는 팀장에게 어려운 경험이지만 이를 통해 배우고 성장할 수 있다. 회복 탄력성이 높은 팀장은 실패를 학습의 기회로 보고 이를 통해 더 나은 리더가 될 수 있다. 이는 팀의 성공에 기여하고 조직의 목표 달성에 도움이 된다. 또한 회복 탄력성은 팀장이 개인적인 문제를 극복하고 업무에 집중할 수 있도록 도와준다. 개인적인 문제는 팀장의 업무 능력에 영향을 미칠 수 있지만, 회복 탄력성이 높은 팀장은 이를 극복하고 업무에 집중할 수 있다.

• 회복탄력성을 높이는 법

회복 탄력성을 함양하기 위해서는 몇 가지 방법이 있다. 첫째, 긍정적인 마인드 셋을 갖는 것이 중요하다. 어려움에 직면했을 때 긍정적인 마인드셋은 회복 탄력성을 높이는데 도움이 된다. 팀장은 실패를 학습의 기회로 보고, 어려움을 극복할 수 있는 능력이 있다고 믿어야 한다. 이를 통해 팀장은 어려움을 이겨내고 발전할 수 있는 동기부여를 갖게 된다. 또한 긍정적인 마인드셋은 팀장의 자신감과 자기 효능감을 높이는데 도움이 된다.

둘째, 팀장은 자신을 돌보고 스트레스를 관리해야 한다. 회복 탄력성을 유지하기 위해서는 팀장이 자신의 신체적, 정신적 건강을 유지하는 것이 중요하다. 이를 위해 팀장은 규칙적인 운동, 충분한 수면, 건강한 식습관 등을 통해 자신을 돌봐야 한다. 또한 팀장은 스트레스를 관리하기 위한 방법을 찾아야 한다. 이를 통해 팀장은 어려움에 직면했을 때도 건강하게 대처할 수 있게 된다. 스트레스를 효과적으로 관리하는 것은 회복 탄력성을 높이는데 필수적이다.

셋째, 팀장은 지지적인 관계를 구축해야 한다. 지지적인 관계는 회복 탄력성을 높이는데 도움이 된다. 팀장은 팀원들, 동료, 상사, 가족, 친구 등과 지지적인 관계를 구축하고 유지해야 한다. 이러한 관계는 팀장이 어려움에 직면했을 때 지원을 제공하며, 그가 다시 일어설 수 있도록 도와준다. 또한 이러한 관계는 팀장이 자신의 감정을 공유하고, 조언을 구할 수 있는 안전한 공간을 제공한다. 이러한 지지적인 관계는 팀장이 어려움을 극복하고 성공을 이끌어내는데 도움이 된다.

넷째, 팀장은 유연성을 키워야 한다. 유연성은 변화에 적응하고 어려움을 극복하는데 도움이 된다. 팀장은 변화하는 상황에 맞게 자신의 계획과 전략을 조정할 수 있어야 한다. 이를 위해 팀장은 상황을 객관적으로 분석하고, 다양한 해결책을 탐색하는 능력을 갖춰야 한다. 그럼으로써 팀장은 어려움에 직면했을 때도 효과적으로 대처할 수 있게 된다. 유연성은 회복 탄력성의 중요한 요소이며, 이를 통해 팀장은 변화에 신속하게 대응할 수 있다.

마지막으로, 팀장은 지속적인 학습을 통해 회복 탄력성을 높여야 한다. 학습은 팀장이 어려움에서 배우고 성장할 수 있는 기회를 제공한다. 팀장은 자신의 경험을 반성하고 이를 바탕으로 개선해야 한다. 또한 팀장은 새로운 기술과 지식을 배우고 자신의 역량을 향상시켜야 한다. 이를 통해 팀장은 어려움에 직면했을 때 더 나은 대처 방법을 찾을 수 있게 된다. 지속적인 학습은 회복 탄력성을 높이는데 필수적이며, 이를 통해 팀장은 어려움을 극복하고 성공을 이끌어낼 수 있다.

결론적으로, 팀장은 개인적이고 전문적인 여러 도전을 겪을 때 회복 탄력성을 발휘해야 한다. 회복 탄력성은 팀장의 지속적인 성과와 성장에 중요하며, 이는 팀의 성공과 안정성을 보장하는데 도움이 된다. 이를 위해 팀장은 긍정적인 마인드셋을 유지하고, 자신을 돌보며, 지지적인 관계를 구축하고, 유연성을 키우고, 지속적인 학습을 추구해야 한다. 이러한 노력을 통해 팀장은 어려움을 극복하고, 조직의 성공을 이끄는 중요한 역할을 수행할 수 있다.

업무적 실패나 좌절에 대처하는 법

팀장으로서 업무적 실패나 좌절에 대처하는 것은 중요한 능력이다. 실패나 좌절은 언제든지 발생할 수 있으며, 이에 대한 적절한 대응은 팀장의 리더십을 증명하고 팀원들에게 긍정적인 영향을 미칠 수 있다. 실패와 좌절에 대처하는 몇 가지 요령을 알아보자.

첫째, 실패를 받아들일 것. 팀장은 실패를 회피하거나 숨기려 하기보다는 이를 솔직하게 받아들여야 한다. 이를 통해 팀원들에게 실수를 인정하고 개선하려는 태도를 보여줄 수 있다. 실패는 종종 학습의 기회가 될 수 있다. 팀장은 실패를 분석하고 이를 통해 얻은 교훈을 팀과 공유함으로써 동일한 실수가 반복되지 않도록 해야 한다.

둘째, 냉정함을 유지할 것. 실패나 좌절은 감정적으로 어렵게 다가올 수 있지만, 팀장은 감정을 다스리고 냉정하게 상황을 분석해야 한다. 이는 문제의 원인을 파악하고 해결책을 찾는데 도움이 된다. 감정에 휘둘리지 않고 객관적으로 상황을 바라보는 것은 팀장이 문제를 극복하고, 더 나은 결과를 만들어내는데 도움이 된다.

셋째, 적극적으로 문제를 해결하려는 자세를 취할 것. 팀장은 실패나 좌절을 극복하기 위해 적극적인 해결책을 찾아야 한다. 이는 팀원들에게도 문제를 해결하려는 적극적인 태도를 보여줄 수 있다. 팀장은 문제 해결을 위한 구체적인 계획을 수립하고 이를 실행에 옮겨야 한다. 이를 통해 팀원들은 팀장이 실패를 극복하고 더 나은 결과를 만들어내는 데 적극적으로 나서고 있음을 볼 수 있다.

넷째, 팀원들과 함께 문제를 해결할 것. 팀장은 실패나 좌절을 겪을 때 팀원들과 함께 문제를 해결하려는 노력을 보여야 한다. 이는 팀의 협업과 응집력을 강화하고, 팀원들이 어려움을 함께 극복하는 경험을 할 수 있도록 도와준다. 팀장은 팀원들의 의견을 경청하고 그들의 도움을 받아 문제를 해결하려는 태도를 보여야 한다.

다섯째, 긍정적인 태도를 유지할 것. 실패나 좌절은 어렵게 다가올 수 있지만 팀장은 긍정적인 태도를 유지하고 팀원들에게 희망을 주어야 한다. 긍정적인 태도는 팀의 사기를 높이고 팀원들이 어려움을 극복하고 더 나은 결과를 달성할 수 있도록 도와준다. 팀장은 어려운 상황에서도 희망을 잃지 않고 긍정적인 태도를 유지하는 것이 중요하다.

여섯째, 실패에서 배울 것. 팀장은 실패나 좌절을 통해 배울 수 있는 기회를 찾아야 한다. 이를 통해 팀장은 더 나은 리더로 성장할 수 있으며 동일한 실수를 반복하지 않을 수 있다. 팀장은 실패를 통해 얻은 교훈을 팀과 공유하고 이를 바탕으로 조직을 개선하는 노력을 보여야 한다.

영감을 주는 모델되기
- 긍정적 영향을 미치는 팀장

팀장이 팀원들에게 긍정적인 영향을 미치고 영감을 주는 모델이 되어야 한다. 이는 팀원들에게 동기를 부여하고, 팀의 성과를 향상시키는데 기여할 수 있기 때문이다. 또한 영감을 주는 모델은 팀원들이 자신들의 잠재력을 최대한 발휘하도록 돕는 역할을 한다. 이러한 역할의 중요성과 함께 어떻게 영감을 주는 모델이 될 수 있는지 살펴보자.

영감을 주는 모델이 되는 것은 팀원들의 동기부여에 큰 영향을 미친다. 팀원들은 자신들의 리더가 적극적이고 열정적인 태도를 보일 때, 자연스럽게 그 리더를 따르고자 하는 동기를 느낀다. 그리하여 팀원들은 업무에 더 적극적으로 참여하고, 목표 달성을 위해 노력하게 된다. 리더십 전문가인 존 맥스웰은 "리더는 방향을 제시하고, 영감을 주는 모델은 동기부여를 제공한다"라고 말한 바 있다. 이 말은 영감을 주는 모델이 팀원들의 동기부여에 얼마나 중요한 역할을 하는지를 나타낸다.

또한 영감을 주는 모델은 팀의 성과를 향상시키는데 도움을 준다. 팀원들이 자신들의 리더를 모범으로 여기고 따라갈 때, 그들은 더 높은 수준의 성과를 내기 위해 노력하게 된다. 이는 팀 전체의 생산성과 효율성을 향상시키는데 도움이 된다. 영감을 주는 모델은 팀원들에게 자신들도 높은 성과를 달성할 수 있다는 믿음을 줌으로써 팀 전체의 성과를 높일 수 있다.

영감을 주는 모델이 되기 위해서는 몇 가지 방법이 있다. 첫째, 팀장은 자신이 믿는 가치를 일관성 있게 실천해야 한다. 팀원들은 리더의 행동을 관찰하고 그 행동을 따라하려는 경향이 있다. 따라서 팀장은 자신이 중요하다고 생각하는 가치를 일관성 있게 실천함으로써 팀원들에게 모범을 보여야 한다. 예를 들어, 팀장이 성실성과 책임감을 중요시한다면 그는 업무에서 이러한 가치를 실천하는 모습을 보여야 한다. 이를 통해 팀원들은 성실성과 책임감이 중요한 가치라는 것을 배우고 이를 자신의 행동에 적용하려 노력하게 된다.

둘째, 팀장은 팀원들과의 긍정적인 관계를 구축해야 한다. 영감을 주는 모델이 되기 위해서는 팀원들과 신뢰와 존중을 바탕으로 하는 관계를 형성하는 것이 중요하다. 팀장은 팀원들의 의견을 경청하고 그들의 감정을 존중하며 그들과 함께 일하는데 관심을 가져야 한다. 이를 통해 팀원들은 자신들이 중요하게 여겨지고 있다고 느끼며 팀장에게 더 많은 존경과 신뢰를 갖게 된다. 이러한 긍정적인 관계는 팀원들이 팀장을 모범으로 삼고 그를 따르려는 동기를 부여한다.

셋째, 팀장은 긍정적인 태도를 유지해야 한다. 영감을 주는 모델은 어려운 상황에서도 긍정적인 태도를 유지하며, 팀원들에게 용기를 북돋아주는 역할을 한다. 팀원들은 팀장의 긍정적인 태도를 보고 자신들도 어려움을 극복할 수 있다는 자신감을 갖게 된다. 긍정적인 태도는 팀의 사기를 높이고 팀원들이 더 나은 성과를 달성할 수 있도록 도와준다.

넷째, 팀장은 지속적인 학습과 발전을 추구해야 한다. 영감을 주는 모델은 자신의 성장과 발전에 관심을 가지며 팀원들에게도 이러한 태도를 독려한다. 팀장은 새로운 기술과 지식을 배우고 자신의 역량을 향상시키려 노력해야 한다. 이를 통해 팀원들은 지속적인 학습과 발전이 중요하다는 것을 배우고 자신의 잠재력을 최대한 발휘하려 노력하게 된다.

다섯째, 팀장은 팀원들의 성과를 인정하고 격려해야 한다. 영감을 주는 모델은 팀원들의 노력을 인정하고 그들의 성과를 축하하는데 적극적이다. 팀원들은 자신의 노력이 인정받을 때 더 큰 동기부여를 느끼며 더 높은 성과를 달성하기 위해 노력하게 된다. 팀장은 팀원들의 성과를 인정하고 그들의 노력을 격려함으로써 팀의 성과를 향상시킬 수 있다.

이와 같이, 팀장이 팀원들에게 긍정적인 영향을 미치고 모범을 보이는 영감을 주는 모델이 되어야 한다. 이는 팀원들의 동기부여를 높이고 팀의 성과를 향상시키는데 도움이 된다. 이를 위해 팀장은 자신이 믿는 가치를 일관성 있게 실천하고 팀원들과의 긍정적인 관계를 구축하며, 긍정적인 태도를 유지하고 지속적인 학습과 발전을 추구하며, 팀원들의 성과를 인정하고 격려해야 한다. 이러한 노력을 통해 팀장은 팀의 성공을 이끄는 중요한 역할을 수행할 수 있다.

*

"당신의 행동이 다른 사람들을 더 많이 꿈꾸고, 더 많이 배울 수 있게 하며, 더 많이 할 수 있게 하고, 더 나아질 수 있게 한다면, 당신은 리더이다."

– 존 퀸시 애덤스John Quincy Adams

리더로서의 신뢰와 존경
– 진정성 있는 팀장되기

팀장으로서 팀원들로부터 개인적인 신뢰와 존경을 받는 것은 매우 중요하다고 본다. 그래야 잘 따를 것이다.

팀장으로서 팀원들로부터 받는 개인적인 신뢰와 존경은 리더십의 근간을 이룬다. 이러한 신뢰와 존경은 단순히 직위로부터 비롯되는 것이 아니라 팀원들과의 일상적인 상호작용, 의사결정 과정, 그리고 그들의 기대를 충족시키는 행동을 통해 쌓여간다. 인기 있는 리더가 되는 것은 팀원들이 기꺼이 따르고, 적극적으로 기여하며, 조직의 목표 달성을 위해 최선을 다하게 만드는데 중요한 역할을 한다.

리더로서 신뢰와 존경을 얻기 위해서는 무엇보다 진정성이 중요하다. 진정성 있는 리더는 자신의 말과 행동이 일치하도록 노력하며, 이는 투명성과 정직성을 바탕으로 한다. 예를 들어, 팀장이 팀원들에게 어려운 상황을 솔직하게 공유하고, 그들의 의견을 진지하게 반영할 때, 팀원들은 리더가 자신들과 같은 고민을 공유하며 이해하려 한다고 느낀다. 이러한 과정에서 자연스럽게 리더에 대한 신뢰가 형성된다.

또한 리더는 공정하고 일관된 태도를 유지하는 것이 필요하다. 모든 팀원에게 동일한 기준을 적용하고, 일관성 있는 결정을 내려야 한다. 공정한 리더십은 팀원들이 예측 가능한 환경에서 일하고 있다고 느끼게 하여 안정감을 제공하기 때문이다. 이는 팀 내에서 갈등을 줄이고, 각 팀원이 자신의 역할에 더욱 집중할 수 있게 만든다.

팀장은 또한 감정적 지능을 발휘하여 팀원들의 감정과 요구를 이해하고 존중해야 한다. 감정적 지능이 높은 리더는 팀원들의 기분 변화를 감지하고, 그들의 우려나 불안을 덜어주는데 능숙하다. 그렇게 함으로써 팀원들은 자신들의 감정이 존중받고, 업무 환경이 그들의 필요를 반영한다고 느낀다.

리더는 자신의 행동으로 모범을 보여야 한다. 팀장이 열심히 일하고, 도전적인 목표에 도전하며, 실패를 인정하고 교훈을 얻는 모습을 보일 때, 팀원들은 이를 본받고자 하는 동기를 갖게 된다. 리더의 행동이 모범이 되면 팀원들은 자연스럽게 그 리더를 존경하고 따르게 된다.

마지막으로, 팀장은 팀원들의 성장을 적극적으로 지원해야 한다. 이는 멘토링, 교육 기회 제공, 경력개발 지원 등을 통해 이루어질 수 있다. 팀원들이 자신의 리더가 자신들의 개인적 및 전문적 성장을 진심으로 지원한다고 느낀다면, 그 리더에 대한 신뢰와 존경은 더욱 깊어질 것이다.

물론 팀장으로서 팀원들의 신뢰와 존경을 얻는 것은 쉽지 않은 과정이지만, 그래야만이 조직은 더욱 단합되고 생산적인 팀으로 발전할 수 있다. 리더가 팀원들에게 긍정적인 영향을 미치고, 그들로부터 신뢰와 존경을 받는다면, 이는 조직의 성공을 위한 견고한 기반을 마련하는 것과 같다.

인기 있는 팀장이 되는 법

인기 있는 팀장이 되는 것은 단순히 친근감을 유지하거나 좋은 인간 관계를 형성하는 것을 넘어서, 팀원들로부터 신뢰와 존경을 받는데 필수적인 요소다. 팀장으로서 인기를 얻기 위해서는 여러 가지 중요한 역량과 행동 양식이 필요하며, 이들을 통해 팀원들과의 강력한 연결고리를 구축하고, 팀의 성과를 극대화할 수 있다.

1. 소통의 기술 강화

인기 있는 팀장이 되기 위한 첫 번째 단계는 탁월한 커뮤니케이터가 되는 것이다. 팀원들과의 효과적인 소통은 팀 내 신뢰를 구축하고 갈등을 최소화하는데 중요하다. 팀장은 팀원들과 정기적으로 만나 그들의 의견을 듣고, 조직의 비전과 목표를 명확히 전달해야 하다. 또한 어려운 상황이나 변화하는 조직의 방향에 대해 투명하게 소통하는 것이 중요하다. 이를 통해 팀원들은 리더가 자신들과 정보를 공유하려 한다고 느끼며, 이는 깊은 신뢰로 이어진다.

2. 신뢰 구축

인기 있는 팀장은 팀원들로부터 신뢰를 얻어야 하다. 이를 위해서는 일관성 있는 행동과 공정한 결정이 필요하다. 팀원들이 팀장의 결정과 행동에서 일관성을 느낄 때, 그들은 더 안정적이고 예측 가능한 업무 환경에서 일하고 있다고 느낀다. 또한 팀장이 팀원들 각자의 성과를 인정하고 그에 상응하는 보상을 제공할 때, 이는 팀원들 사이에서 존경과 인기를 얻는 기반이 된다.

3. 개인적 관심과 지원

팀원 각자의 개인적인 성장과 복지에 진심으로 관심을 갖고 지원하는 팀장은 자연스럽게 인기를 얻게 된다. 이를 위해 팀장은 팀원들의 경력 목표를 이해하고, 그들이 전문성을 개발할 수 있도록 멘토링하거나 교육 기회를 제공해야 하다. 또한 팀원들의 개인적인 사정에 귀 기울이고, 필요할 때 유연한 근무 조건을 제공하는 것도 중요하다.

4. 긍정적인 팀 문화 조성

인기 있는 팀장은 긍정적이고 동기부여가 되는 팀 문화를 조성하는 데 중점을 둔다. 이는 팀원들이 자유롭게 아이디어를 공유하고, 서로의 성공을 축하하며, 실패에서 배울 수 있는 환경을 의미하다. 팀장이 이러한 문화를 장려함으로써, 팀원들은 더욱 창의적이고 생산적이 될 뿐만 아니라, 팀장에게 더 깊은 애착을 느끼게 된다.

5. 역량과 자신감의 발휘

마지막으로, 인기 있는 팀장은 자신의 역할에 대한 깊은 이해와 자신감을 가지고 있다. 이는 팀원들에게 안정감을 주며, 어려운 상황에서도 팀장이 적절한 지도와 지원을 제공할 수 있음을 보장하다. 팀장이 자신의 역할을 자신 있게 수행하면 팀원들은 이를 본받으려 하며, 자연스럽게 팀장을 신뢰하고 따르게 된다.

이러한 방법들을 통해 팀장은 팀원들로부터 개인적인 신뢰와 존경을 얻을 수 있다. 인기 있는 팀장으로 거듭나려면 이러한 요소들을 지속적으로 발전시키고 실천해야 하며, 이 과정에서 팀원들과의 관계는 더욱 강화될 것이다.

꿈을 향한 여정
– 더 큰 꿈을 이루어라

이제 책을 마무리할 때가 됐다. 팀장이 해야 할 마지막 장은 앞으로의 도전에서 어떤 꿈을 갖고 그 꿈을 이루기 위해 무엇을 어떻게 해야 할지를 생각해보는 것이다.

첫째는, 큰 꿈을 발견하고 자신의 가치를 찾기를 권한다.

"꿈은 노력하는 자에게 꿈꾸게 하고, 꿈꾸는 자에게 노력하게 한다"라는 말이 있다. 직장인으로서 꿈을 이루기 위해서는 우선 자신의 가치를 발견해야 한다. 앞의 글들에서 권고했듯이 팀장으로서 팀을 이끄는 역할을 충실히 해왔다면 어떤 분야에서 자신의 가치를 발휘하는지 파악할 수 있다. 이를 통해 자신의 강점과 열정을 발견하고 그에 맞는 목표를 설정하는 것이 중요하다.

자신의 가치를 발견하는 것은 단순히 개인의 성장뿐만 아니라 조직의 발전에도 중요한 요소이다. 자신의 역량을 파악하고 그에 맞는 업무를 찾는 것은 개인의 만족감을 높일 뿐만 아니라 조직의 성과에도 긍정적인 영향을 미친다. 그럼으로써 당신은 더 높은 곳을 향해 나아가는 첫걸음을 내디딜 수 있다.

둘째는, 도전을 받아들이고 새로운 역량을 개발하라는 것이다.

"꿈을 가진 사람은 언제나 목표를 향해 나아가며 그 길에서 끊임없이 성장한다"는 말이 있듯이 새로운 역량을 개발하는 것은 매우 중요하다. 당신은 이미 뛰어난 리더십을 보여주었지만, 더 높은 곳을 향해 나아가기 위해서는 지속적인 자기 계발이 필요하다. 이를 위해 교육과 훈련에 투자하고 새로운 기술과 지식을 습득하는데 집중해야 한다. 이 과정에서 중요한 것은 지속적인 학습과 도전을 즐기는 태도이다.

새로운 역량을 개발하는 것은 개인의 성장뿐만 아니라 조직의 경쟁력에도 기여한다. 당신이 새로운 역량을 개발하고 그 지식을 팀원들과 공유함으로써 조직 전체의 역량을 향상시킬 수 있다. 이를 통해 당신은 더욱 경쟁력 있는 리더로 성장할 수 있을 것이다.

셋째로 강조할 것은 협력의 중요성을 가슴에 새기고 팀워크를 강화하라는 것이다.

"혼자 가면 빨리 갈 수 있지만, 함께 가면 멀리 갈 수 있다"는 말처럼, 직장인으로서 꿈을 이루기 위해서는 팀워크를 강화하는 것이 중요하다. 당신은 이미 팀을 이끄는 역할을 맡아왔지만 더 큰 꿈을 이루기 위해서는 팀원들과의 협력과 소통을 한층 더 강화해야 한다. 팀원들의 의견을 존중하고, 그들이 성장할 수 있도록 지원하며, 함께 목표를 달성하는 과정에서 강한 팀워크가 중요하다.

팀워크를 강화하는 것은 조직의 성과에 직접적인 영향을 미친다. 팀원들이 서로 협력하고 소통하며 공동의 목표를 향해 나아가는 것은 조직 전체의 효율성과 생산성을 높인다. 당신이 팀워크를 강화함으로써 조직을 더 나은 방향으로 이끌 수 있을 것이다.

넷째는 혁신의 발걸음을 계속하며 새로운 아이디어를 추구하라는 것이다.

"혁신은 꿈을 실현하는 원동력이다"라는 말처럼, 꿈을 이루기 위해서는 혁신적인 아이디어를 추구하는 것이 필수적이다. 당신은 조직 내에서 새로운 아이디어를 개발하고 이를 실현하는 능력을 갖춰야 한다. 창의적인 사고를 장려하고 팀원들이 자유롭게 아이디어를 제안할 수 있는 환경을 조성하여 혁신적인 프로젝트를 성공으로 이끌어가는 것이 중요하다.

혁신적인 아이디어를 추구하는 것은 조직의 성장과 발전에 중요한 역할을 한다. 당신이 혁신적인 사고를 장려하고 새로운 아이디어를 개발함으로써 조직을 더 경쟁력 있게 만들 수 있다. 이를 통해 당신은 조직의 성장에 기여하는 중요한 역할을 수행할 수 있을 것이다.

다섯째는, 멘토링의 역할을 강화하고 팀원들을 지원하라는 것이다.

"멘토는 우리를 성장시키는 길잡이다"라는 말이 있다. 꿈을 이루기 위해서는 팀원들을 지원하는 멘토링이 중요하다. 당신은 자신의 경험과 지식을 팀원들에게 전수하고, 그들이 성장할 수 있도록 도와주는 역할을 해야 한다. 이를 통해 팀원들이 더 높은 목표를 향해 나아갈 수 있도록 지원해야 하며 그것은 동시에 당신의 더 큰 꿈을 이루는데도 긍정적인 영향을 미칠 것이다.

멘토링은 조직의 성장과 발전에 중요한 역할을 한다. 당신이 팀원들에게 멘토링을 제공함으로써 그들의 역량을 향상시킬 수 있다. 이를 통해 당신은 조직의 성장에 기여하고 동시에 자신의 꿈을 이루는데에도 도움이 될 것이다.

마지막으로 권할 것은 꿈의 종착지, 목표를 향해 지속적으로 나아가라는 것이다.

"꿈을 가진 사람은 그 꿈을 향해 꾸준히 나아가며, 그 꿈을 이루기 위해 결코 포기하지 않는다"라는 말처럼, 꿈을 이루기 위해서는 목표를 향해 지속적으로 나아가는 것이 중요하다. 당신은 자신의 꿈을 명확히 설정하고 그 꿈을 향해 지속적으로 노력해야 한다. 필요한 자원을 확보하고 어려움에 부딪혔을 때에도 포기하지 않고 도전하는 태도가 필요하다.

목표를 향해 지속적으로 나아가는 것은 개인의 성장뿐만 아니라 조직의 성공에도 기여한다. 당신이 목표를 향해 지속적으로 노력함으로써 조직의 성장과 발전을 이끌 수 있다. 이를 통해 당신은 조직에서 더 큰 역할을 수행하고 자신의 꿈을 이룰 수 있을 것이다.

　이렇게 당신은 꿈을 향해 나아가는 여정을 시작할 수 있다. 그 여정은 어렵고 험난할 수도 있지만 당신의 노력과 의지로 충분히 이겨낼 수 있을 것이다. 앞으로의 여정에서 행운을 빌며, 당신의 꿈이 이루어지기를 기원한다.

마지막 퍼즐을 완성하며

먼저, 여기까지 이 책을 읽어주신 독자 여러분께 감사드린다. 책을 쓴다는 것은 결코 쉬운 일이 아니다. 머리에 쥐가 날 때도 종종 있었는데 그럴 땐 ChatGPT의 도움을 받았다. 고마웠다.

*

이로써 '신입사원의 조건'과 '임원의 조건'에 이은 마지막 퍼즐(?)을 완성한 느낌이다. 신입사원으로 들어와 팀장이 되고 임원이 되는 동안 어떻게 직장생활을 해야 하는지 그 역할과 책임은 무엇인지를 단계마다 모두 다루게 된 것이다. 책을 쓰는 사람으로서 보람을 아니 느낄 수가 없다.

*

'프롤로그'에서도 잠시 언급했지만 승진을 포기하는 사람들 즉,

'승포자' 현상은 일부라고는 해도 우려할만한 현상이다. 그것은 곧 직장에서의 꿈이 사라지고 있음을 의미하기 때문이다. 그 대신 다른 꿈이 있다고? 나는 그것을 믿지 않는다. 직장에서 성장하고자 하는 꿈이 없는 사람이라면 다른 꿈 역시 안 봐도 비디오기 때문이다. 아무쪼록 직장에서의 꿈도 확실하게 꾸기를 권하다. 아니, 꿈을 꼭 이루기를 기대한다. 하나를 보면 열을 알 수 있으니까.

✳

자, 이제 독자 여러분은 이 책을 통해 팀장으로서의 역할을 재정립하고, 더 나은 리더로 성장할 수 있기를 바란다. 또한 팀원들과 함께 성장하고 발전하는 기쁨을 누릴 수 있기를 희망한다. 이 책이 여러분의 여정에 도움이 되길 바라며, 언제나 팀의 성공과 발전을 위해 노력하는 팀장이 되길 기원한다. 파이팅!